BRANDENBURG
DER WESTEN BAND 2

Das Havelland

PRO LINE CONCEPT-Verlag

Inhalt

Sumpfgreiskraut

Tourismusverband Havelland
Waldemardamm 3
14641 Nauen
Fon (033 21) 403 51 19
Fax -403 51 23
E-Mail:
tourismusverband@freenet.de
www.havelland-tourismus.de
www.havelland.de
www.westhavelland.de
www.stadtinfo-brandenburg.de

Liebe Leserin, lieber Leser,

kaum einem märkischen Landstrich eilen so viele Rufe voraus wie dem Havelland. Großen Einfluss auf das landläufig bekannte Bild der Region zwischen Rhinow und Potsdam, Brandenburg und Fehrbellin übt wohl noch immer Theodor Fontane aus, der mit den Birnen des Herrn von Ribbeck Generationen von Schülern das Havelland bekannt gemacht hat. Dabei spielt der Obstanbau lediglich im Südosten des Havellandes eine bedeutende Rolle, ansonsten dominiert die Wiesen-, Weide- und Felderwirtschaft. Ungezählte Entwässerungsgräben durchziehen das weite Land, die letztlich all ihr Wasser dem Fluss zuführen, dem das Gebiet seinen Namen verdankt – der Havel.

Das ganze Havelland war während der letzen Eiszeit vor über 10.000 Jahren mit einem Eispanzer bedeckt, doch anders als in der Uckermark hinterließen die Gletscher nach ihrem Abtauen keine hügeligen Landschaften. Allenfalls flache Erhebungen tauchen hier und dort am Horizont auf, beispielsweise die Rhinower Berge im Nordwesten und die Götzer Berge im Süden, beide sind kleine Endmöränenzüge mit einer Höhe von gut 100 Metern üNN. Andere Anhöhen wie der flächige Dünenrücken auf der Grundmöränenplatte zwischen Premnitz und Riewend sind kaum als solche auszumachen.

Hier finden wir auch ausgedehnte Wälder, vor allem Kiefernforsten, die besonders im Westhavelland deutlich öfter als im Osthavelland anzutreffen sind. Einst war diese Zweiteilung auch politisch gemeint, seit der Vereinigung der Landkreise Nauen und Rathenow 1993 zum Kreis Havelland ist diese Trennung jedoch überholt. Dies gilt nicht für die naturräumlichen Unterschiede, die mit der Ausrufung des Naturparks Westhavelland zwischen Neustadt (Dosse), Schollene, Brandenburg/H. und Friesack als einem der fünfzehn Großschutzgebiete Brandenburgs deutlich zum Ausdruck kommen. Weite Teile dieser Flachlandregion wurden unter Naturschutz gestellt. Die Feuchtgebiete sind alljährlich im Frühjahr und Herbst nahrungsreiche Rastplätze für tausende von Zugvögeln.

Das Wasser der Havel und der zahlreichen Seen ist Heimat vieler Fischarten, von denen der Havelzander, dank seines Gschmacks, sicher zu den bekanntesten zählt. Seit jeher war die Fischerei eine wichtige Einnahmequelle für viele Havelländer.

Das Land wurde über die Jahrhunderte auch geprägt von dem Adel und der Landbevölkerung. Leider haben nicht alle Herrenhäuser die Zeit nach 1945 überlebt. Wer sich aber auf Spurensuche begibt, der wird auch heute noch auf etliche bauliche Zeugen der Vergangenheit stoßen. Orte wie Nennhausen, Kleßen

und Reckahn und nicht zuletzt Paretz stehen für den zeitgenössischen Sinneswandel im Umgang mit deutscher und märkischer Geschichte.
Größte Stadt des Havellandes ist Potsdam, die brandenburgische Landeshauptstadt. Ihr und der Region Caputh/Werder haben wir in dieser Reihe den Band Brandenburg der Westen, Band 1 „Potsdam und Umgebung" gewidmet. Mit dem vorliegenden Buch wenden wir uns der havelländischen Provinz zu, einem Begriff den wir hier mit all seinen positiven Inhalten belegen wollen: malerische Landschaften, Beschaulichkeit, Stille, Naturerlebnis und nicht zuletzt Geschichte und Kultur, denn was wären Metropolen und Großstädte wie Berlin und Potsdam ohne ihr historisch gewachsenes Hinterland.
So sind es denn auch weniger die Städte, die das Bild des Havellandes prägen, als vielmehr hunderte von Dörfern, die Antlitz und Leben der Mark bestimmen. Die Städte liegen allesamt eher am Rand und umschließen einen Landstrich, der sich wohltuend auf die Seele seiner Besucher legt. Heimliche Hauptstadt und größter Ort der Region ist Brandenburg a. d. Havel. Hier nahm die Geschichte des gleichnamigen Landes ihren Anfang, insofern kann man das Havelland auch als Geburtsstätte der Mark Brandenburg und damit Preußens ansehen.
Die historischen Grenzen sind in der jüngeren Geschichte verschoben worden. So zählen Fehrbellin und Kremmen heute bereits zum Ruppiner Land; dennoch finden Sie die beiden Städte in dem Kapitel „Das Land am Rhin", nicht nur wegen der einstigen Zugehörigkeit zum Kreis Osthavelland, sondern auch um das Havelland in seiner naturräumlichen Geschlossenheit darzustellen. Zuwachs bekam die Region dagegen nach dem Zweiten Weltkrieg durch die Angliederung eines bis dato zum Jerichower Land gehörenden Streifens westlich der Havel rund um Milow, zu finden im Abschnitt „Rechts und links der Unterhavel".
Welches der acht regionalen Kapitel man auch immer zum Anlass nimmt, das Havelland zu besuchen, das Auto muss nicht zwangsläufig dabei sein. Die guten Bahnverbindungen verteilen sich gleich auf mehrere Strecken. Wer dann noch ein Fahrrad dabei hat, kann sich den flachen Westen der Mark Brandenburg nahezu grenzenlos erschließen, denn so manche Naturidylle liegt abseits asphaltierter Straßen und Wege.

Erleben Sie mit uns die Schönheiten des Havellandes!
Viel Freude dabei wünschen Ihnen
der PRO LINE CONCEPT-Verlag
und der ADAC Berlin-Brandenburg e. V.

Prachtnelke

Aus dem Gedicht „Havelland"
von Theodor Fontane:
Und an dieses Teppichs blühendem Saum
All die lachenden Dörfer,
ich zähle sie kaum:
Linow, Lindow, Rhinow, Glindow,
Beetz und Gatow, Dreetz und Flatow,
Bamme, Damme, Kriele, Krielow,
Petzow, Retzow,
Ferch am Schwielow,
Zachow, Wachow und Groß Bähnitz,
Marquardt-Uetz an Wublitz-Schlänitz,
Senzke, Lenzke und Marzahne,
Lietzow, Tietzow und Rekahne,
Und zum Schluss in dem leuchtenden Kranz:
Ketzin, Ketzür und Vehlefanz.

DAS LAND AM RHIN

Unterwegs zwischen Kremmen und Fehrbellin

Von den brandenburgischen Orten, die auch bundesweit bekannt sind, liegen gleich zwei in dem Landstrich am Rhin: Fehrbellin, wegen der gleichnamigen Schlacht im 17. Jh., und Linum, das vor allem bei Naturfreunden einen guten Klang hat, weil sich hier alljährlich von Frühjahr bis August zahlreiche Störche ein Stelldichein geben. Zwei Orte von mehreren, die es lohnt, etwas näher in Augenschein zu nehmen. Darüber hinaus Hakenberg, dessen Siegessäule herrliche Aussichten verspricht oder Dechtow und Groß Ziethen mit ihren schmucken Herrenhäusern… nicht zu vergessen Kremmen, das kleine Städtchen am Luch, das sich – wie Fehrbellin – in den letzten Jahren schön herausgeputzt hat.

Der Rhin und sein Luch bestimmen die Landschaft im Norden der Region. Feuchte Wiesen, Entwässerungsgräben, einige Seen und das Linumer Teichland sind Lebensgrundlage nicht nur für die Störche. Im Frühjahr und Herbst wird das Luch Versammlungsort für abertausende Wildgänse auf ihrem Weg zu den Sommerbrutgebieten und den Überwinterungsplätzen. Ganz anders dagegen der seichte trockene eiszeitliche Moränenzug des Ländchen Bellin, das sich kaum zwanzig Meter über das tischbrettebene Tiefland des Luchs heraushebt. Breite ausladende Alleen verbinden die Städte und Dörfer, die wichtigste – zwischen Fehrbellin und Kremmen – gehört zum touristischen Band der Deutschen Alleenstraße, die Rügen mit dem Bodensee verbindet.

Für Zugreisende: Der Bahnhof befindet sich in Kremmen. Die Fahrt des regelmäßig verkehrenden Regionalexpress' von Berlin-Charlottenburg dauert eine knappe Stunde. Weitere Bahnhöfe gibt es in Vehlefanz, Schwante und Sommerfeld.

Im Kremmener Luch

Rathaus in Kremmen

KREMMEN

Das Tor zum Luch

Als „Cremene" taucht Kremmen im Jahre 1216 erstmals in der schriftlich niedergelegten Geschichte auf. Der Name entstammt wohl dem Slawischen und bedeutet so viel wie „Stelle, wo es Kieselsteine gibt". Kremmen war der Hauptort des einstigen preußischen Kreises Glien-Löwenberg. Eine frühaskanische Burg sicherte hier zur Zeit der deutschen Ostkolonisation einen nach Löwenberg führenden Damm durchs Moor. Die Stadt selbst war im Mittelalter gut befestigt und wurde von einer Backsteinmauer umschlossen, die man jedoch im 17. Jh. einebnete. Auch von der einstigen Burg ist heute nichts mehr vorhanden.

Zentraler und geschäftiger Mittelpunkt Kremmens ist der in Form eines Dreiecks angelegte Marktplatz. Sein Gesicht erhielt das Areal im Anschluss an den großen Stadtbrand von 1840. Die meisten Häuser blicken demzufolge auf etwa 150 Jahre Geschichte zurück. Wichtigstes und schönstes Gebäude am Platz ist das zweigeschossige klassizistische *Rathaus* an der westlichen Kopfseite des Marktes.

Weniger raumgreifend, dafür aber still und versteckt-malerisch stellt sich der Kirchplatz rund um die *Nikolaikirche* dar. Das Gotteshaus hat in seiner Geschichte so manche Umbauten über sich ergehen lassen müssen. Die Verwendung von Feldsteinen im hinteren Bereich deutet wahrscheinlich auf Reste der Gründungskirche aus der Zeit der Wende zum 13. Jh hin. Das dreischiffige Langhaus, für das man als Baumaterial wie in der Mark üblich Backstein wählte, geht auf das 15. Jh. zurück. Der Turm erhielt zerstörungsbedingt erst 1928 seine heutige Form. Wichtiger noch als das äußere Erscheinungsbild von St. Nikolai ist die Innenausstattung. Das 17. Jh. hat sich hier mit seiner in der Formensprache des Barocks schwelgenden Einrichtung ein Denk-

Informations- und Tourismusbüro/
Museumsscheune
Scheunenweg 49
16766 Kremmen
Fon (03 30 55) 715 00
Fax -715 01
E-Mail: Museumsscheune@
Amt-Kremmen.de
www.Amt-Kremmen.de

Evangelisches Pfarramt
Kirchplatz 1
16766 Kremmen
Fon (03 30 55) 703 30
Öffnungszeiten der Kirche:
In den Sommermonaten täglich ca.
9.00–19.00 Uhr
oder nach Voranmeldung
Gottesdienst: So 9.30 Uhr

Nikolaikirche

mal gesetzt, darunter ein bemalter Altaraufsatz aus den 80er- und eine Kanzel, ebenfalls kunstvoll gestaltet, aus den 90er-Jahren. Auf das beginnende 17. Jh. deuten dagegen die hölzernen Emporen an den Längswänden des Chors hin. Wie öfter in Brandenburg anzutreffen, ist auch das Kremmener Gotteshaus mit einer Orgel aus der Potsdamer Werkstatt Schuke ausgestattet. Sie ist ein modernes Werk der 1960er-Jahre.

Gut ausgeschildert und daher leicht zu finden ist das Kremmener *Scheunenviertel*. Der Altstadt vorgelagerte Straßen mit Scheunen sind nicht selten in Brandenburg, man findet sie in Friesack, Freyenstein (Prignitz) oder Altlandsberg bei Berlin, um nur einige Beispiele zu nennen.

Ursprünglich lagen die Scheunen innerhalb der Stadtmauer, sie waren jedoch oft schicksalhafter Ausgangspunkt von verheerenden Bränden, sodass sich eine vom Kurfürsten verordnete Verlegung vor die Stadt als sinnvoll erwies. Das Kremmener Viertel besteht seit circa 250 Jahren. Die etwa 50 Scheunen an der Bundesstraße 273 machen das Gelände zu einem Kleinod, das kulturhistorisch überregional bedeutend ist. Die Kremmener haben nach der Wende den Wert des Viertels erkannt und sich an die Sanierung und Entwicklung gemacht. Beispiel für eine gelungene Sanierung ist die Museumsscheune, die Kremmen-Besuchern als touristischer Informationspunkt dient und Gästen wie Einheimischen als Ausstellungs- und Kulturzentrum. Besonders für Städter interessant ist der kleine Hofladen, in dem landwirtschaftliche Produkte der Region angeboten werden.

Hofladen
Öffnungszeiten:
Fr bis So u. feiertags
April bis Okt.
10.00–18.00 Uhr
Nov. bis März
10.00–16.00 Uhr

Scheunenviertel

Anziehungspunkt für Naturfreunde ist der *Kremmener See* nördlich der Stadt, mitten im Feuchtgebiet des Kremmener Luchs. Im Sommer lockt hier eine Badeanstalt in das saubere Wasser des Sees.

Auf einer Länge von anderthalb Kilometer befasst sich ein reizvoll in die Landschaft eingebetteter *Naturlehrpfad* unter anderem mit der so genannten glazialen Serie, also mit Begriffen wie Moräne, Sander und Urstromtal. Der letzten Eiszeit vor über 10.000 Jahren verdanken wir so charakteristische Landschaften wie das Rhinluch und die havelländischen Seen. Der Kremmener Naturlehrpfad gibt Einblick in die Zusammenhänge zwischen dem glazialen Gestern und der Landschaft von heute. Informationstafeln und eine anschauliche plastisch herausgearbeitete Miniaturlandschaft sind beispielhaft für eine interessante Wissensvermittlung.

Einen Besuch wert ist hier am Kremmener See auch das Hotel Kremmener Luch, es wurde zu Beginn der 1990er-Jahre auf 64 Pfählen in den See gestellt und „schwebt“ nun über dem Wasser. Von der Terrasse hat man so den See immer gut im Blick.

Seebadeanstalt Kremmen
täglich geöffnet
Informationen:
Hotel Kremmener Luch
Am Seeweg 4 a, 16766 Kremmen
Fon (03 30 55) 703 56

Richard Dehmel – ein fast vergessener Dichter

Der 1863 in Wendisch-Hermsdorf geborene Dehmel verbrachte ab 1868 einen Teil seiner Jugend im Kremmener Fortshaus am Eichendamm, wo der Vater als Stadtförster arbeitete. Nach dem Abitur studierte Dehmel in Berlin Naturwissenschaften und Philosophie. Die Lehre Darwins, damals dem christlichen Weltbild entgegenstehend, faszinierte ihn besonders und prägte seine naturalistische Gedankenwelt. Schon in den acht Jahren, die Dehmel beim Zentralverband Deutscher Privater Feuerversicherungen arbeitete, schrieb er Gedichte. Die 1889 geschlossene Ehe mit der Lyrikerin Paula Oppenheimer beflügelte zudem die Kreativität des unkonventionellen Dichters; dennoch trennte sich Dehmel einige Jahre später von seiner Frau und heiratete erneut. 1902 zog er nach Blankenese bei Hamburg, wo er 1920 an einer Venenentzündung starb, einem Erbe seiner freiwilligen Teilnahme am Ersten Weltkrieg. Dehmels Werk ist vor allem eines: leidenschaftlich. Seine Gedichte schwelgen voller Poesie und Pathos im Rausch der Erotik, was seinerzeit nicht unproblematisch war. Das Gedicht „Venus Consolatrix“ brachte ihm sogar wegen Verletzung religiös-sittlicher Gefühle einen gerichtlichen Schuldspruch ein. Neben seiner sinnlichen Lyrik schrieb Dehmel, unter Mitwirkung seiner ersten Frau, auch etliche Kindergeschichten- und -gedichte, am bekanntesten: „Rumpumpel“ und „Fitzebutze“.

Ich will ergründen alle Lust,
so tief ich dürsten kann;
ich will sie aus der ganzen Welt
schöpfen, und stürb´ ich dran.

Ich will´s mit all der Schöpferwut,
die in uns lechzt und brennt;
ich will nicht zähmen meiner Glut
heißhungrig Element.

Ward ich durch frommer Lippen Macht,
durch zahmer Küsse Tausch?
Ich ward erzeugt in wilder Nacht
und großem Wolllustrausch!

Und will nun leben so der Lust,
wie mich die Lust erschuf.
Schreit nur den Himmel an um mich,
ihr Beter von Beruf!

Richard Dehmel

Hellmuth-Ulrici-Kliniken
Waldhausstraße
16766 Sommerfeld
Fon (03 30 55) 50
E-Mail: office@ulrici-kliniken.de
www.ulrici-kliniken.de

Ein paar Ausflugstipps für die Umgebung von Kremmen:

Wer sich von Kremmen nach Norden aufmacht, überquert zunächst den Ruppiner Kanal und kommt wenig später nach **Sommerfeld**. Eine architektonische Besonderheit kann nördlich des Dorfes besichtigt werden, die *Hellmuth-Ulrici-Kliniken*. Die Stadt Charlottenburg, heute ein Stadtteil Berlins, ließ in den Jahren 1912–14 hier in der sauberen Waldluft bei Sommerfeld eine Lungenheilstätte errichten. Der Architekt Heinrich Seeling schuf einen weitläufigen architektonischen Schatz, der stark an alpine Vorbilder erinnert. Das „Waldhaus Charlottenburg", wie es früher hieß, steht seit 1995 unter Denkmalschutz. 1964 benannte man es nach Hellmuth Ulrici, einem renommierten Tuberkulosefachmann, der die Klinik zwischen 1914 und 1945 leitete. Heute steht die Heil- und Rehabilitationsstätte unter der Obhut des Deutschen Paritätischen Wohlfahrtsverbandes. Man kann das Gelände ohne Anmeldung betreten. Die wichtigsten Gebäude sind mit kleinen Informationstafeln versehen, die über deren ursprüngliche Nutzung Auskunft geben.

Heinrich Seeling – Architekt für die Muse

Dass Seeling die Sommerfelder Klinik für die Stadt Charlottenburg baute, kam nicht von ungefähr, denn der 1852 in Zeulenroda bei Gera geborene Architekt war ebendort ab 1907 Stadtbaurat. In Berlin gibt es einige weitere Werke von ihm, das ehemalige Neue Theater am Schiffbauerdamm – heute Berliner Ensemble – und der Wasserturm am Spandauer Damm. Überhaupt waren Theaterbauten seine Spezialität. Heute noch zu bewundern sind zum Beispiel die Häuser in Gera, Freiburg/Breisgau und Halle/Saale. Einige seiner umgesetzten Entwürfe sind leider dem Zweiten Weltkrieg zum Opfer gefallen wie das Schauspielhaus in Essen und die Deutsche Oper in Berlin-Charlottenburg. Sein Rang als bedeutendster deutscher Theaterarchitekt vor dem Ersten Weltkrieg bleibt ihm trotz dieser Verluste erhalten. Seeling starb 1932 in Berlin, wo er auch begraben wurde.

Südlich von Kremmen gibt es drei ehemalige Gutshäuser, in Staffelde, Schwante und Groß Ziethen; bis heute ist aber leider nur das in **Groß Ziethen** umfassend saniert. Eine gewundene Allee führt von Staffelde in das weiter östlich gelegene Dorf und sein *Herrenhaus*. Die Anfänge des Groß Ziethener Gebäudes reichen bis ins 14. Jh. zurück, das bestehende stammt im Kern aus der Zeit vor 1718. Um- und Anbauten im 18. und 19. Jh. veränderten das Gesicht des Anwesens. Noch 1902 wurde das west-

Groß Ziethen

liche Treppenhaus samt Kuppel hinzugefügt. Die Herrschaften wechselten mehrfach. Vom 14. bis zum 17. Jh. unterstand das Gut den landauf, landab bekannten von Bredow (↗ Ländchen Friesack). Nach dem Zweiten Weltkrieg diente Schloss Groß Ziethen als Lazarett, Flüchtlingswohnheim, Schule und Kindergarten ... diese Nutzungen gehören der Vergangenheit an, immer öfter zieht es Berliner Paare hierher – in eines der schönsten Landhotels der Mark –, um den Bund fürs Leben zu feiern. Einen Streifzug wert ist der sich im Süden anschließende *Landschaftspark*.

Schwante und Sommerswalde im Internet: www.schwante.de www.amt-oberkraemer.de

Von Schwante führt die Bundesstraße 273 in Richtung Oranienburg. An einer starken Rechtsbiegung zweigt eine schmale Straße geradeaus nach **Sommerswalde** ab. Die kleine Siedlung gehört zu Schwante, und so steht es auch auf dem Ortsschild, was das Auffinden Sommerswaldes nicht leicht macht. Der Ort wurde erst 1890 auf Betreiben des Gutsbesitzers und Leutnants a. D. Richard Sommer gegründet, der gemeinsam mit dem umgebenden Wald als Namensgeber fungierte. Neben fünf Wohnhöfen ließ Sommer ein Landhaus errichten, das architektonische Parallelen zum Berliner Reichstag aufweist, freilich in verkleinerter Form. Der ehemalige Pferdestall ähnelt dem Roten Rathaus, Sitz des Regierenden Bürgermeisters in Berlin. Die Entwürfe stammten aus der Feder der Architekten-Gemeinschaft von Hans Abesser und Jürgen Kröger, die sich im ausgehenden 19. Jh. vorwiegend mit Kirchenbau befassten. In den 1920er-Jahren wurden einige bauliche Veränderungen in Sommerswalde durchgeführt. Nach dem Zweiten Weltkrieg residierte hier kurz eine sowjetische Kommandantur, später nutzte die Freie Deutsche Jugend (FDJ) die Anlage. Nach langen Jahren der Unsicherheit ist Schloss Sommerswalde in das Eigentum einer gemeinnützigen buddhistischen Organisation übergegangen, die das Gelände als Klosterschule nutzt, es für die Öffentlichkeit aber offen hält.

Bockwindmühle Vehlefanz
Fon (033 01) 38 63
(Kreismuseum Oranienburg)
Öffnungszeiten:
Mai bis Sept.
Mi 10.00–15.00 Uhr
Sa u. So 13.00–17.00 Uhr

Bockwindmühle Vehlefanz

Südlich von Schwante lohnt ein kleiner Abstecher nach **Vehlefanz**. Die dortige *Bockwindmühle* gehört als Außenstelle zum Kreismuseum in Oranienburg. Bis 1965 wurde die 1815 errichtete Mühle noch zum Schroten genutzt. Seit 1991 dient das denkmalgeschützte Bauwerk als Museum und beherbergt eine kleine Ausstellung zur Geschichte der Windmühlen im Oranienburger Raum.

LINUM

Störche, Teiche, Staffelgiebel

NABU-Zentrum
„Storchenschmiede Linum"
Nauener Straße 54
16833 Linum
Fon (03 39 22) 505 00
E-Mail:
storchenschmiede@nabu-berlin.de
Öffnungszeiten:
April bis Nov.
Mo–Fr 10.00–16.00 Uhr,
Sa u. So 10.00–18.00 Uhr
und nach Voranmeldung

Veranstaltungen in Linum:
1. Wochenende im August
Storchenfest
1. Wochenende im September
Fischerfest

Linum, etwa auf der Hälfte zwischen Kremmen und Fehrbellin, ist bekannt für seinen Reichtum an Störchen. Neben Rühstädt in der Prignitz trägt das Dorf am Rande des Rhinluchs denn auch den inoffiziellen Titel „Storchendorf". Wer in den Frühjahrs- und Sommermonaten hierher kommt, den begleiten unablässig auf seinen Wegen die majestätischen schwarz-weißen Flieger. Störche im Landeanflug auf ihr Nest zu beobachten und zu sehen, wenn die rotschnäbligen Köpfe zweier Jungvögel über den Rand der Behausung spähen, ist immer wieder ein Erlebnis.
Meister Adebar in natura zu sehen ist das eine, sich mit seiner Lebensweise vertraut zu machen das andere. Die vom Naturschutzbund Deutschland betriebene *„Storchenschmiede"* bietet Gelegenheit dazu. Eine Ausstellung widmet sich Brutpflege und Aufzucht, Nahrungssuche und Zugrouten in den Süden. Nicht vergessen werden die Bedrohungen, denen Störche immer wieder ausgesetzt sind, etwa die in Deutschland nach wie vor durchgeführten Trockenlegungen von Feuchtwiesen. Rechtzeitig zum Naturschauspiel der Linumer Zugvögel-Rast im Herbst arrangiert die Storchenschmiede alljährlich eine Ausstellung, die sich mit Kranichen und Wildgänsen befasst.
Die Storchenschmiede organisiert Wanderungen. Etwa eineinhalbstündige Führungen bringen die Teilnehmer zu den Linumer Storchennestern und zu den Nahrungsgründen der Umgebung.

Teichland Linum

Teichland Linum
Zu den Teichen 58
16833 Linum
Fon (03 39 22) 504 08
Fax -505 04
www.storchendorf-linum.de
Öffnungszeiten:
täglich 7.00–17.00 Uhr,
im Sommer bis ca. 19.00

Wer Zeit und Lust hat, kann sich auf dem angrenzenden etwa 2.000 m^2 großen Gelände der Ökogärtnerei umschauen. So manches Stadtkind wird dort mit der Einsicht konfrontiert, dass Gemüse nicht in Dosen heranreift. Weit ins Rhinluch hinein ragt das *Teichland* nördlich des Dorfes. Der Grundstein für diese landschaftlich so reizvolle Teichlandschaft bildete der Torfstich, mit dem hier im ausgehenden 18. Jh. begonnen wurde. Als dessen Ende gut hundert Jahre später absehbar war, sorgte man dafür, dass sich die ausgehobenen Flächen mit Wasser füllen konnten. Durch die Erweiterung – vor allem in den 1960er-Jahren – und die intensive Pflege ist ein kleines Naturparadies von etwa 400 Hektar entstanden, 270 davon bedecken Fischteiche. Im Wasser wachsen kräftige Karpfen heran, neuerdings werden auch Störe gezüchtet. Der angeschlossene Fischladen verkauft aber auch andere frische Fische der Umgebung, wie Forelle und Wels. Der Sommergarten mit dem Fischgrill ist genau der richtige Platz, um zwischen Kremmen und Fehrbellin eine Rast zu machen.

Weißstörche

Wanderwege erschließen die Teiche und das Luch. Drei *Aussichtshochstände* ermöglichen den Blick auf die Seenlandschaft und das herbstliche Schauspiel der Vogelrast, sie sind aber auch zu allen anderen Jahreszeiten eine Besteigung wert. Das Teichland Linum organisiert auf Anfrage geführte Wanderungen und Bootsfahrten.

Dorfkirche Linum

Zum Schluss noch ein Wort zur Linumer *Dorfkirche*. Markenzeichen des Gotteshauses ist der überaus reich gegliederte Staffelgiebel an der Ostseite. Die Größe des in den 1880er-Jahren neogotisch erweiterten Hauses scheint vordergründig nicht recht zum kleinen Dorf zu passen. Aber Linum hatte zu Zeiten des Torfstichs etwa dreimal so viel Einwohner wie heute und benötigte eine entsprechend große Kirche.

Müde bin ich, geh' zur Ruh',
Schließe beide Äuglein zu;
Vater, lass die Augen dein
Über meinem Bette sein!

Hab' ich Unrecht heut' getan,
Sieh' es, lieber Gott, nicht an!
Deine Gnad' und Jesu Blut
Macht ja allen Schaden gut.

Alle, die mir sind verwandt,
Gott, lass ruh'n in deiner Hand!
Alle Menschen, groß und klein,
Sollen dir befohlen sein.

Kranken Herzen sende Ruh',
Nasse Augen schließe zu;
Lass den Mond am Himmel steh'n
Und die stille Welt beseh'n!
Luise Hensel

Luise Hensel – glaubensfeste Dichterin aus Linum

Als Tochter eines evangelischen Geistlichen kam Luise Hensel am 30. März 1798 im Pfarrhaus von Linum zur Welt. Nachdem der Vater gestorben war, geriet die Familie in wirtschaftliche Not und verlegte ihren Wohnsitz nach Berlin, wo die spätere Lyrikerin dann ihre Jugendjahre verbrachte. Luise Hensel konvertierte zwanzigjährig zum katholischen Glauben.
Eine langjährige Freundschaft verband sie mit Clemens Brentano, dem Bruder Bettina von Arnims (↗ Wiepersdorf in Bd. Der Fläming). Dieser war ihr auch emotional zugewandt, wollte sie sogar heiraten, was von ihr aber wegen eines selbst auferlegten Keuschheitsgelübtes abgelehnt wurde.
Sie lebte und arbeitete, unter anderem als Lehrerin, lange Zeit in der preußischen Rheinprovinz und in Westfalen. Ihre Dichtkunst stellt sie in die vorderste Reihe innerhalb der religiösen deutschsprachigen Lyriker. Das Gute-Nacht-Lied „Müde bin ich, geh' zur Ruh'" ist ihr bekanntestes Werk.
Am 18. Dezember 1876 starb Luise Hensel im ostwestfälischen Paderborn, wo sie auch bestattet wurde.

Öffnungszeiten der Säule:
täglich etwa 7.00–21.30 Uhr
Die Säule wird abends stimmungsvoll angestrahlt
Gaststätte „Waldhaus am Denkmal"
Am Denkmal 104, 16833 Hakenberg
Telefon (03 39 22) 502 11

Siegessäule in Hakenberg

Ungefähr vier Kilometer westlich von Linum liegt das Dörfchen **Hakenberg**, bekannt durch die siegreiche Schlacht des Großen Kurfürsten gegen die Schweden.
Am 16. Juni 1675 durchbrach Kanonendonner die Stille dieses Landstrichs. Die Streitmacht des Schwedenkönigs Karl XI. hatte zuvor eine Spur der Verwüstung durchs Land gezogen. Hier nun im Ländchen Bellin trafen die Schweden auf die Truppen des brandenburgischen Kurfürsten Friedrich Wilhelm. Dank taktischen Geschicks der reiterlichen kurmärkischen Offiziere Georg von Derfflinger und Friedrich II. von Hessen-Homburg, dem „Prinzen von Homburg", mussten die Schweden trotz zahlenmäßiger Überlegenheit geschlagen das Feld räumen. Außerdem war den Märkern die Feuchte des Luchs zur Hilfe gekommen, denn ein zäher Sommernebel hatte den schlecht positionierten Schweden die Sicht getrübt.
Kaiser Wilhelm I. stellte hunderttausend Mark bereit, um der glorreichen Schlacht bei Fehrbellin in Stein und Bronze zu gedenken. In den Jahren 1878/79 wuchs nach Plänen Paul Emmanuel Spiekers (↗ Kap. Der Telegrafenberg in Bd. Potsdam und Umgebung) eine Siegessäule empor. Zunächst schüttete man als Fundament einen kleinen Hügel an. Dann entstand das Sockelgeschoss, auf dem Stein für Stein die Säule aufgemauert wurde. Ihr Durchmesser beträgt 3,50 Meter, Platz genug, um eine Wendeltreppe

darin unterzubringen. 114 Stufen führen zur umlaufenden Galerie über den Baumkronen, wo sich ein wundervoller Rundumblick bietet. Ganz oben über den Köpfen der Säulenbesucher reckt eine Siegesgöttin stolz ihren Lorbeerkranz von sich. Sie ist ein Werk des großen Bildhauers Daniel Rauch (1777–1857), dem die Berliner ihr Reiterstandbild Friedrichs des Großen (Unter den Linden) verdanken. Die Hakenberger Victoria wurde in Bronze gegossen und anschließend vergoldet. Ihre Ausmaße von 4,15 Metern sind kaum zu erahnen, geschweige denn ihr Gewicht von dreißig Zentnern.

Am Fuße der Säule erinnert ein Büstenrelief an Friedrich Wilhelm, den Großen Kurfürsten. Das Porträt wurde nach einem Entwurf Albert Wolffs (1814–92) gefertigt, einem Schüler Rauchs (Wolffs bekanntestes Werk ist das Reiterstandbild Ernst-Augusts vor dem Hannoveraner Hauptbahnhof). Würdevollen Blickes schaut der Kurfürst die mehrere hundert Meter lange Linden-Ahorn-Allee hinauf zum schon 1800 von Friedrich Eberhard von Rochow in Auftrag gegebenen Denkmal an der Straße Linum-Hakenberg.

Beinahe aber wäre diese Würde des Hohenzollern-Regenten zu Staub zerfallen, als nach dem Zweiten Weltkrieg beide Denkmäler geschleift werden sollten. Der russische Kommandant in Nauen verhinderte dies und bewahrte uns damit bis heute einen Turm mit schönen Ausblicken – egal ob im Frühjahr, im Sommer oder wann auch immer man Lust auf 114 Stufen an historischer Stelle verspürt.

Victoria

Blick von der Siegessäule

Warum die Siegessäule nach Hakenberg kam

Über zweihundert Jahre nach der Schlacht bei Fehrbellin war es endlich an der Zeit, ein dem Anlass entsprechendes Denkmal zu errichten. Doch wo in Gottes und Heimats Namen war der rechte Ort des Erinnerns? Im Städtchen Fehrbellin, das der siegreichen Schlacht ihren Namen gegeben hatte? Oder etwa bei Hakenberg, wo der authentische Ort des Gemetzels belegt war?

Während man so stritt, schritt einer zur Tat: der Hakenberger Lehrer Karl August Peters. Immer schon war ihm das Gefecht persönliches Anliegen gewesen. Fand man auf den Äckern der Umgebung bei der Feldarbeit Kanonenkugeln, brachte man sie dem Peters, der sie reinigte und fein säuberlich aufbewahrte. Vierzig Kugeln sind so zusammengekommen, heute noch zu sehen in der Hakenberger Dorfkirche, elf Kilo schwer bis 150 Gramm leicht. Zum Kaiser ist er gegangen, zu Wilhelm seiner Hoheit höchstpersönlich und hat erfolgreich der Überzeugung Nachdruck verliehen, dass kein Ort geeigneter sei als die Hakenberger Flur. Ob sich in Fehrbellin ein besserer Platz hätte finden lassen? Wer weiß das schon! Die Fehrbelliner aber haben dem „Kugelaugust", wie der Dorflehrer geringschätzig genannt wurde, sein Engagement nie verziehen.

Doch auch wenn die Säule jetzt bei Hakenberg steht, den Fehrbellinern bleibt der Name der Schlacht ... und der „Fehrbelliner Reitermarsch", den Kaiser Wilhelm I. für die Denkmalseinweihung komponieren ließ. Die Musik kennen viele in Deutschland, der Text wurde irgendwann hinzugedichtet: Wir wollen unsern alten Kaiser Wilhelm wiederhaben!

Der Rhin in Fehrbellin

FEHRBELLIN

Das prominente Städtchen am Rhin

Berühmt ist Fehrbellin tatsächlich, schließlich schmückt es mit seinem Namen einen Waffengang, in dessen Gefolge Kurfürst Friedrich Wilhelm zum „Großen" avancierte und Brandenburg wenig später zu Preußen – auch wenn die „Schlacht bei Fehrbellin" ein paar Kilometer weiter südöstlich in Hakenberg stattfand.

Das Städtchen, südlich des Rhins, leicht erhöht am Nordrand des Ländchen Bellin gelegen, strahlt heute in frischeren Farben denn je. Gepflegte traufständige Häuser ziehen sich die Gehsteige entlang, allen voran in der Berliner Straße, Lebensader des kleinstädtischen und beschaulich-ländlichen Gepräges von Fehrbellin. Erwähnt wurde der Ort bereits 1216 als Belin. Der heutige Name geht zurück auf eine Rhinfähre, von der erstmals 1402 die Rede war. Wahrscheinlich fungierte Fehrbellin einst als markgräflicher Burgflecken mit einer Burg am Rande des Luchs. Allerdings konnte deren Standort bis heute nicht nachgewiesen werden. Markanter Blickpunkt der Stadt ist die Kirche am westlichen Ortsausgang. 1866/67 kam ein Entwurf Friedrich August Stülers zur Ausführung, ganz im neogotischen Stil, aus gelblichem Backstein, mit einem wohlproportionierten Staffelgiebel im Osten und einem schlanken Turm im Westen (zu Stüler

Amt Fehrbellin
Johann-Sebastian-Bach-Str. 6
16833 Fehrbellin
Fon (03 39 32) 595–0
Fax -703 14
www.fehrbellin.de
www.stadt-fehrbellin.de
www.amt-fehrbellin.de

Evangelisches Pfarramt
Feldbergstraße 43
16833 Fehrbellin
Fon (03 39 32) 703 84
Öffnungszeiten der Kirche:
Ostern bis Erntedankfest
Sa u. So 9.00–18.00 Uhr
oder nach Vereinbarung
Gottesdienst: So 10.00 Uhr

In Fehrbellin

↗ Perleberg in Bd. Die Prignitz). Sehenswert ist auch das Innere des Gotteshauses. Ein System hölzerner Stützpfeiler, auf dem die Emporen ruhen, gliedert den Raum in Haupt- und Seitenschiffe.

Aus der Zeit lange vor der Erbauung stammt ein Epitaph aus dem 16. Jh. an der Nordwand der Kirche. Es zeigt den 1553 bei der Durchreise in Fehrbellin gestorbenen aus Zichow/Uckermark stammenden Edelmann Hans von Arnim. Vor der Ostseite erinnert ein von Max Wiese geschaffenes *Denkmal* an die Toten der napoleonischen Befreiungskriege. Wieses bekanntestes Werk ist das Fontane-Denkmal in Neuruppin (↗ Neuruppin in Bd. Das Ruppiner Land). Wenn man es genau nimmt, wurde die Kirche gar nicht in Fehrbellin gebaut. Sie entstand in Feldberg, einem westlich der Stadt vorgelagerten Angerdorf, das erst 1928 zu Fehrbellin eingemeindet wurde. In der Vergangenheit war dies nicht die einziger Verschiebung administrativer Grenzen. Lange Zeit gehörte der gesamte Landstrich südlich des Rhins zwischen Fehrbellin und Kremmen zum Kreis Osthavelland. Erst nach dem Zweiten Weltkrieg ging diese traditionelle Zuordnung verloren. Luch, Ländchen und das Gebiet bis hinter Königshorst werden heute dem Ruppiner Land zugerechnet.

Sehenswert ist der *Kurfürstenpark* südlich des nach 1990 still gelegten Bahnhofs (am Postplatz in die Dechtower Straße, nach etwa 500 Metern links). Kaiser Wilhelm II. weihte hier anlässlich des 227. Jahrestages der Schlacht bei Fehrbellin persönlich ein Denkmal des Großen Kurfürsten ein. Das Standbild schuf der aus Alsleben an der Saale stammende Fritz Schaper (1841–1919). Dessen Standbilder sind deutschlandweit anzutreffen und spiegeln – von Blücher bis Bismarck – bildhauerisch die wilhelminische Zeit wider.

„Wir sind Bürger mit geringem Gut und dienen unserem Kurfürst mit Leib und Blut"
Inschrift am Fehrbelliner Kurfürstendenkmal

Wilhelm Wolff – Bildhauer aus Fehrbellin

Zwei Brüder bereicherten im 19. Jh. Städte und Schlösser, Brücken und Parks mit ihren bildhauerischen Werken. Der eine, Albert, stammte aus Neustrelitz, war beteiligt am Bau der Siegessäule bei Hakenberg. Der andere, Wilhelm, wurde 1816 in Fehrbellin geboren. Weil er sich später vor allem als Tierbildhauer einen Namen machte, nannte man ihn zur Unterscheidung von seinem Bruder auch den „Tier-Wolff".
Mit vierzehn begann Wilhelm seine Ausbildung an der Königlichen Eisengießerei in Berlin. Hier und bei Aufenthalten in Paris und München wurde der Grundstein für seinen künstlerischen Erfolg gelegt. Wolff schuf mit handwerklicher Perfektion und einem sensiblem Gespür für Ausstrahlung, Haltung und Körperbau seiner Vorbilder Standbilder, Skulpturengruppen und Reliefs von großer Eleganz. Sein wohl bedeutendstes Werk ist im Berliner Tiergarten zu bewundern, die „Löwengruppe" von 1872-74, mit Muttertier, zwei Jungen und einem mächtigen, sich in Drohgebärde aufrichtenden männlichen Löwen. Wilhelm Wolff starb 1887 in Berlin.

Johann Heinrich Bolte – der pädagogische Pfarrer Fehrbellins

„Ueber Nach- und Forthilfe fuer die Lehrer in den Elementarschulen", „Handbuch für den Preußischen Untertan", „Unterricht über das Postwesen in den Preußischen Staaten", so lang die Titel der von Johann Heinrich Bolte verfassten Lehrbücher auch waren, so nützlich werden sie manchem Zeitgenossen des 18. und 19. Jh.s gewesen sein.
Dabei kam Bolte gar nicht aus dem pädagogischen Fach. Der 1750 in Neuruppin Geborene wurde nach erfolgreichem Theologie-Studium in Halle a. d. Saale Pfarrer in Kränzlin bei Neuruppin, dann in Karwesee und schließlich in Fehrbellin, wo er auch das Amt des Superintendenten bekleidete – eine Position, die es 1732–1929 gab, als Fehrbellin einen eigenen Kirchenkreis besaß. Bolte hatte 14 Kinder, wie er bei so viel Nachwuchs derart fleißig schreiben konnte, wird ewig ein Geheimnis bleiben. Nach zwölf Fehrbelliner Jahren starb Johann Heinrich Bolte 1817 in Fehrbellin. Die Kirche hält mit einer Büste die Erinnerung an ihn wach.

Allee bei Königshorst

Radroute Ländchen Bellin: ca. 42 km (Karte S. 22)

Wir starten an der Fehrbelliner Kirche. Nur wenige Meter östlich zweigt die Brunner Straße nach Süden ab. In Brunne geht es links in Richtung Betzin. Wir passieren die offene Felderlandschaft des Ländchen Bellin und erreichen **Karwesee**. Hübsch ist hier die kleine Dorfkirche von 1756.

Weiter geht es nach **Dechtow**. Das Dorf war vom 15. bis zum 19. Jh. im Besitz der Familie von Zieten. Sehenswert sind das im klassizistischen Stil erbaute *Gutshaus* und die spätgotische *Dorfkirche* aus Feld- und Backstein. Ein Blickfang ist der von der Straße abgewandte reich mit Blendwerk verzierte Ostgiebel.

In Dechtow: Dorfkirche (li.) und Gutshaus (re.)

Wir folgen der Straße nach **Königshorst** und queren die typisch havelländische Luchlandschaft mit weiten Wiesen und Entwässerungsgräben. Über uns genießen wir das vor der Sonne schützende Dach der Alleenbäume. In Königshorst fällt sofort das *Gasthaus „Zum Alten Fritz"* ins Auge, ein Fachwerkhaus aus dem 18. Jh. Damals wurde das Dorf auf Veranlassung des Preußenkönigs Friedrich Wilhelm I. auch gegründet, der hier Pfälzer Kolonisten ansiedelte. Dem Regenten verdankt der Ort seinen Namen. Ab 1950 hieß Königshorst vier Jahrzehnte Friedenshorst, ein politischer Fauxpas, den man 1990 wieder bereinigte. Bekannt war das Dorf im 18. Jh. wegen der vom König ins Leben gerufenen „Lehranstalt für Butter- und Käsezubereitung". Hier erlernten die einheimischen Havelländer von niederländischen

Könnern ihres Fachs die Herstellung von Milchprodukten. Das Heimat-Haus in Großderschau/Ländchen Rhinow hat zu diesem Thema viel Wissenswertes zusammengetragen. Großderschau ist, wie Königshorst, ein Kolonistendorf, das im Zuge der Luch-Trockenlegung entstand (↗ Goßderschau S. 110).

Wir verlassen Königshorst in Richtung Deutschhof. Nach etwa 400 Metern biegt eine Straße nach links ab. Wer sich stärken und eine Rast machen möchte, kann dies im Kuhhorster Dorfkrug tun. Wer noch ausreichend Kraft hat, lässt das Dorf rechts liegen und kommt, nachdem er die Autobahn Berlin-Hamburg unterquert hat, nach Linum (↗ Linum). Eine Pause am Teichland und weiter geht es nach Hakenberg (↗ Hakenberg). Ein Besuch der Siegessäule, dann zur Kirche.

Anschließend geradewegs ins Luch hinein und dort links in Richtung **Tarmow** (*Dorfkirche* im Stil der Schinkel-Schule von 1835). Hinter Tarmow überqueren wir die Autobahn und erreichen wenig später unseren Ausgangspunkt Fehrbellin.

Wer genug von Stadtbesichtigungen, Denkmälern und Rad fahren in Fehrbellin und Kremmen hat, dem bietet sich zum Schluss noch Nervenkitzel pur. Ein wenig Mut gehört schon dazu, aber wer es einmal gewagt hat, kann nicht genug davon bekommen – vom Fallschirmspringen. Fehrbellin besitzt einen kleinen Landeplatz im Süden der Stadt. Hier kann man zu Tandemsprüngen starten. Einem erfahrenen Springer vor den Bauch geschnallt und los geht es – in 4.000 Höhenmetern aus dem Flugzeug hopsen, fünfzig Sekunden im freien Fall durchs Globalterrarium rasen, um dann fünf Minuten, sicher am Schirm hängend, zu Boden zu gleiten – kein gerade billiges Vergnügen ... aber unvergesslich.

Etwas betulicher geht es im Korb des Heißluftballons zu, der ebenfalls in Fehrbellin zu etwa anderthalbstündigen Fahrten startet. In 500 bis 600 Metern Höhe gibt der Wind die Richtung vor. Abgehoben wird je nach Witterung von März bis Oktober.

Ballonfahrten:
AirServiceBerlin
Ticket-Hotline
Fon (030) 53 21 53 21

Take Off Fallschirmsport GmbH
Flugplatzstraße 3
16833 Fehrbellin
Fon (03 39 32) 722 38
Fax -724 17
E-Mail: info@funjump.de
www.funjump.de

Öffnungszeiten:
Mitte Januar bis Mitte März
Mo–Fr 9.00–18.00 Uhr
Mitte März bis Ende Oktober
Mo–So 9.00–19.00 Uhr

Wustrauer Rhin
24
FEHRBELLIN
Rhinkanal
Fehrbelliner Kanal
Wustrauer
Luch
Bützsee
Ziethenhorst
AS 24 Fehrbellin
Tarmow
Alter Rhin
Hakenberg
Breiter Graben
Teichland Linum
Brunne
Siegessäule
45
Quermadenberg
Karwesee
Linum
Betzin
Dechtow
Storchendorf
45
Silberberg
24
Seelenhorst
Lobeofsund
Kuhhorst
Nordhof
Königshorst
Karolinenhof
Sandhorst
Mangelshorst
Doppelgraben
Eichberge
Deutschhof
Lindenhorst
Kleiner Haupt- und Grenzkanal
Ribbeckshorst
Ebereschenhof
Horster Grenzgraben
Dreibrück
Havelländ. Großer Hauptkanal
Bergerdamm-Lager
Paulinenaue
Juniesgraben
Hertefeld
Teufelshof
Kienberg
Lindholzfarm
Bergerdamm

Charlottenhof
Wall
Beetz
Königsgraben
Helmuth-Ulrici-Kliniken
Bützrhin
Kremmener Rhin
Sommerfeld
Johannisthal
NSG
Kremmener
Luch
Linumhorst
39
Horstberge
Doringsbruck
Ruppiner Kanal
Verlorenort
Siedlung am Luchweg
Siedlung am Verlorenorter Weg
45
Scharfer Berg
Horstegraben
KREMMEN
Scheunenviertel
Kuhsiedlung
Sommerswalde
Amalienfelde
Charlottenau
273
Kuckswinkel
Schwante
Flatower Kienheide
Flatow
Staffelde
Koppelgraben
Groß-Ziethen
Neu Schwante
Vehlefanz
Tietzow
Koppenhof
AS 25 Kremmen
AD 29/26 Havelland
Klein-Ziethen
Strecke stillgelegt
Ländchen
24
Wolfslake
AS 30 Schwante
Karlsruh
Gemeinde Oberkrämer
Grünefelder
Neu-Vehlefanz
Eichstädt
Glin
Börnicker
Kramerpfuhl
Heide
Börnicke
Heide
40
Petersberge
Grünefeld
10
Perwenitz
Tourist-Information
Naturschutz-Information
Museum
Kirche
Herrenhaus
Windmühle
Aussichtsturm
Radroute S. 20/21
0
3 km
N

NAUEN UND DAS MITTLERE HAVELLAND

Stilles Land in der Ferne so nah

Wer auf eine Landkarte des Havellandes schaut, wird schnell erkennen, dass in der Mitte zwischen Friesack und Brandenburg, Rathenow und Nauen nicht allzu viel Druckfarbe aufs Papier gekommen ist. Keine Städte, nur Dörfer, zum Teil winzige Weiler sind übers Land verstreut. Blaue Linien deuten auf Entwässerungsgräben, an der dicksten steht „Havelländischer Großer Hauptkanal". Eine schwarze Gerade durchzieht das Blatt – die ICE-Trasse der Bahn durchschneidet das Havelland von Ost nach West. Welten prallen aufeinander. Hier die beschaulichen Dörfer in der weiten flachen Landschaft, einer Landschaft, in der die alte Mark Brandenburg Theodor Fontanes noch zu Wort kommt – dort das moderne elektrifizierte Band der Gleise, auf denen die Züge genauso rasch verschwinden, wie sie ankommen, ohne hier jemals wirklich anzukommen. Berlin und Hannover wollen aufs Schnellste verbunden sein, ein Halt im Havelland ist nicht vorgesehen.

Die Wege sind weit, Kanäle machen Umwege erforderlich, Umwege, die sich aber durchaus lohnen, allein schon wegen der Alleen. Sie ordnen das Land, verhindern, dass sich das Auge gänzlich in der Ferne verliert. Fast die ganze Region ist Landschaftsschutzgebiet, der Westen zwischen Möthlow und Nennhausen gehört zum Naturpark Westhavelland. Trappen leben hier, die größten flugfähigen Vögel Europas. Man muss sie nur entdecken und das ist nicht leicht, denn die scheuen Tiere meiden die Zivilisation.

Im Naturschutzgebiet Havelländisches Luch

Für Zugreisende ist die Anfahrt bequem. Bahnhöfe befinden sich an der Strecke Berlin-Wittenberge in Nauen und Paulinenaue sowie an der Strecke Berlin-Rathenow in Buschow und Nennhausen.

Im Osten, da wo langsam der so genannte Speckgürtel Berlins beginnt, liegt das ungefähr 11.000 Einwohner zählende Nauen, die einstige Kreisstadt des Osthavellandes – hier wollen wir unsere Betrachtungen im *stillen Land in der Ferne so nah* auch beginnen.

Rathausplatz Nauen

NAUEN

Das Tor zum Havelland

... Tor? – sicherlich nicht für die Hamburger, die Rostocker oder Magdeburger aber das Gros der Havelland-Besucher reist aus dem nahen Berlin an und für diese ist Nauen wirklich die Pforte zum Havelland. Strahlenförmig verlassen die Straßen Nauen in sämtliche Himmelsrichtungen, nach Kremmen und Fehrbellin, Friesack und Rathenow, Brandenburg a. d. Havel und Ketzin. Doch bevor man weiterfährt, lohnt es, sich zunächst in der einstigen Hauptstadt des Osthavellandes umschauen. Die Altstadt mit Rathaus, St. Jakobi, St. Peter und Paul und einigen Straßen und Gassen ist durchaus sehenswert, auch wenn in den kommenden Jahren noch so manches saniert werden muss.

Im Jahre 1186 als „Nauwen“ erwähnt, ist Nauen immerhin fünfzig Jahre älter als Berlin. Man kann wohl davon ausgehen, dass hier bereits im Hochmittelalter eine deutsche Burg angesiedelt war, urkundlich erwähnt und damit nachweislich belegt ist diese Befestigungsanlage zu jener Zeit aber nicht. Mehrfach wurde die Stadt in ihrer Geschichte zerstört. Ein historisches Datum ist diesbezüglich das Jahr 1414. 1412 war mit Friedrich I. der erste Hohenzoller in der Mark eingetroffen. Nauen gehörte zu jenen Städten, die dem neuen Regenten rasch huldigten. Teile des Adels und hier besonders die Quitzows verweigerten sich dem neuen Landesherrn und mussten erst mit Waffengewalt zur Unterwerfung gezwungen werden. Weil die Nauener sich an der Niederschlagung Friesacks beteiligt hatten, das wie die Quitzows den neuen Mann nicht anerkannte, nahmen 1414 Zehdenicker Bürger unter der Führung Dietrich von Quitzows Rache, die gesamte Stadt fiel in Schutt und Asche. 16. und 17. Jh. machten noch einige Male mit Zerstörungen von sich reden, auch der 30-jährige Krieg hatte daran seinen Anteil.

Tourismusverband Havelland
Waldemardamm 3
14641 Nauen
Fon (033 21) 403 51 19
Fax -403 51 23
www.nauen.de
E-Mail:
tourismusverband@freenet.de

Veranstaltungen in Nauen:
2. Wochenende im Mai Altstadtfest
Musikherbsttage

Rathaus Nauen

Blick zu St. Jakobi

St. Peter und Paul

In den folgenden Jahrhunderten blühte Nauen auf, wurde eine wohlhabende Ackerbürgerstadt, die von den fruchtbaren Böden der Umgebung profitierte. Im 19. Jh. erhielt Nauen den Status der Kreisstadt des Osthavellandes und entwickelte sich zu einem wichtigen Bahnknotenpunkt. Landesweit bekannt wurde es 1906 durch die Gründung der ersten deutschen Großfunkstelle. Von hier aus wurde im Ersten Weltkrieg der gesamte Funkverkehr des Deutschen Reiches mit seinen überseeischen Kolonien abgewickelt.

So weit die Vergangenheit. Manche Bahnlinie wurde inzwischen eingestellt, darunter die nach Kremmen und Ketzin ... und Kreisstädter sind die Nauener auch nicht mehr, seitdem die Rathenower ihnen 1993 diesen Titel weggeschnappt haben.

Wahrzeichen Nauens ist das *Rathaus* an der Ecke Brandenburger/Hamburger Straße – die Adresse: Rathausplatz 1. Das dreiflüglige Gebäude entstand in den Jahren 1888 bis 1891 im für die Zeit so typischen neogotischen Backsteinstil. Jeder, der die Stadt schon einmal auf der Bundesstraße 5 durchquert hat, kennt dieses Gebäude mit seinem Staffelgiebelvorbau und dem schlanken Uhrenturm im Dach.

Die wichtigsten Einkaufsmeilen Nauens sind die Mittel- und die Marktstraße. Über die Mittelstraße gelangt man auch zum Martin-Luther-Platz, dessen Sanierung 2001 abgeschlossen werden konnte. Der *Stadtkirche St. Jakobi* im Norden gab man auf diese Weise einen ansprechenden städtebaulichen Rahmen. Ein Brand im Jahre 1695 hatte umfangreiche Baumaßnahmen zur Folge, deshalb ist das dreischiffige Gotteshaus ein spätgotischer Ziegelbau des 18. Jh.s. Nicht gotisch, sondern barock ist dagegen der obere Turm mit seiner geschweiften Haube.

Die Innenausstattung zeichnet ein nahezu geschlossenes neogotisches Bild. Gestühl, Kanzel, Emporen und Orgel wurden 1875 eingebaut und harmonieren mit den gotischen Kreuzrippengewölben an der Decke.

Wer durch die Nauener Altstadt geht, trifft hier und dort auf *Fachwerkhäuser* aus dem frühen 19. Jh., aber auch der Jugendstil fällt dem Besucher an der einen oder anderen Fassade ins Auge. Noch recht jung ist die katholische *Kirche St. Peter und Paul* in der Gartenstraße, gleichwohl ist sie wie St. Jakobi sehenswert. 1905–06 baute der Berliner Architekt Josef Welz für die katholische Gemeinde ein Gotteshaus ganz im Stil der Neoromanik, deutlich zu erkennen an den zahlreichen Rundbögen. Eine Seltenheit in Brandenburg ist der achteckige Vierungsturm, so genannt, weil er sich über der Vierung erhebt, dem viereckigen Raum, in dem sich Lang- und Querhaus schneiden (↗ Treuenbrietzen/St. Nikolai in Bd. Der Fläming).

Noch zwei Nauen-Tipps zum Schluss:
Das *Freibad* findet man in der Karl-Thon-Straße östlich der Altstadt. Es wurde vor einigen Jahren modernisiert und dient jeden Sommer als Erfrischungstreffpunkt für Badelustige.
Einige Kilometer nördlich, links der Bundesstraße nach Kremmen ragt ein steinernes Zeugnis aus der Havelländer Ebene empor, das einst Nauens legendären Ruf festigte, Deutschlands Hauptstadt der Funkwellen zu sein. Leider ist die *Großfunkstelle* nur am jährlich im Herbst wiederkehrenden Tag des offenen Denkmals zu besichtigen. Der mächtige Klinkerbau von 1917–19 wurde von Hermann Muthesius entworfen, einem der bedeutenden deutschen Architekten des ausgehenden 19./beginnenden 20. Jh.s (↗ Schloss Wendgräben in Bd. Der Fläming).

Machen wir ein paar Abstecher in die Umgebung von Nauen. Südlich in Richtung Ketzin erreicht man nach nicht einmal drei Kilometern **Markee** und wenige hundert Meter weiter den Ortsteil **Markau**. Die beiden Dörfer lohnen einen Besuch wegen ihrer wundervollen *Kirchen*. In Markee ist es das äußere Erscheinungsbild der 1697 in Fachwerkbauweise errichteten Christuskirche, das neugierig auf den Innenraum macht. Es ist barock mit einem ansehnlichen Kanzelaltar und schmuckreichen Emporen. Es lohnt sich, mit der Pfarrerin für die Besichtigung der zwei Gotteshäuser einen Termin zu vereinbaren. Gefällt einem die Markeer Christuskirche, so wird St. Nikolai in Markau ungläubiges Staunen hervorrufen, denn die Mauern des schlichten Sakralbaus von 1712 verbergen einen unvermutet reichen Schatz. Der Altar, die Kanzel mit ihrem Schalldeckel und die Herrschaftslogen prunken mit barocken Formen. Es mutet geradezu unglaublich an, dass sich inmitten des doch eher bescheidenen Havellandes solche Pracht entfalten konnte und diese bis in unsere Zeit erhalten geblieben ist.

Im Doppel begrüßen den Havelland-Besucher die Dörfer **Groß** und **Klein Behnitz** westlich von Nauen in Richtung Brandenburg/Havel. In Groß Behnitz, wie der Name schon sagt der größere (aber jüngere) von beiden Orten, gab es einen stattlichen Gutsbesitz, der 1866 vom Berliner Großunternehmer Albert Borsig erworben wurde. Der Vater August Borsig war mit seinem industri-

St.-Jakobi-Kirche
Öffnungszeiten:
Ostern bis Erntedankfest
So 11.00–16.00 Uhr oder nach Terminabsprache mit Herrn Schöpp
Fon (033 21) 45 42 71
Gottesdienst: So 10.00

Katholisches Pfarramt
St. Peter und Paul, Gartenstraße 71
Fon (033 21) 45 32 07
Kirchenbesichtigung: im Pfarramt melden o. telef. Termin vereinbaren
Gottesdienst: So 10.00 Uhr

Stadtbad Nauen, Karl-Thon-Straße
Öffnungszeiten:
Mitte Mai bis Mitte Sept.
Mo–Fr 13.00–20.00 Uhr
Sa, So und in den Ferien 10.00–20.00 Uhr

Ev. Pfarramt Markau-Markee
Hauptstraße 49 (in Markau)
14641 Markee
Fon (033 21) 45 59 38
Terminabsprache möglich für die Besichtigung der Kirchen in Markee, Markau und Börnicke

Groß Behnitz

ellen Pioniergeist, mit Eisengießerei, Maschinen- und Lokomotivenbau, zu Reichtum gelangt. Unter Albert, seinem Sohn, und seinem Enkel Ernst stiegen die Borsig-Werke im 19. Jh. zum größten Lokomotiven-Produzenten der Welt auf. Albert ließ 1869 das alte Herrenhaus einreißen und an gleicher Stelle ein prächtiges Schloss im italienischen Renaissancestil errichten. Dieses Haus wurde auf Betreiben Ernst von Borsigs (die Familie war 1909 geadelt worden) in den Jahren 1941 bis 1943 mehrmals Treffpunkt für einige Mitglieder des so genannten Kreisauer Kreises. Diese antinazistische Widerstandsgruppe hatte sich nach Hitlers Machtergreifung um Helmuth James Graf von Moltke gegründet, der im schlesischen Kreisau Gutsherr war. Moltke und andere des Kreisauer Kreises, wie etwa Yorck von Wartenburg, Julius Leber, und Adolf Reichwein, wurden 1944 in Berlin-Plötzensee hingerichtet. Ernst von Borsig kam 1945 in einem sowjetischen Lager ums Leben. Die Beschäftigung sowjetischer Zwangsarbeiter auf seinem Gut wurde ihm so zum Verhängnis.

Das Schloss oberhalb des Groß Behnitzer Sees fiel nach dem Zweiten Weltkrieg Plünderung, Feuer und Abriss zum Opfer. Erhalten sind aber einige architektonisch sehenswerte ehemalige Wirtschafts-, Wohn- und Brennerei-Gebäude. Ein Schmuckstück ist das mächtige *Gutsportal* an der Dorfstraße. Dessen zwei ziegelrote Torbögen sind mit Trophäenplastiken gekrönt, die Albert Borsig hierher bringen ließ. Sie sind ein Werk des Hauptbaumeisters Friedrichs des Großen Karl von Gontard, der sie 1788 für das im Jahre 1868 abgebrochene Oranienburger Tor in Berlin schuf (zu Gontard ↗ Bd. Potsdam und Umgebung). Borsig rettete die Skulpturen mit deren Aufstellung in Groß Behnitz vor der Zerstörung.

Groß Behnitz, Gutsportal (re.) und Dorfkirche (u.)

Noch ein Wort zur Groß Behnitzer *Kirche*. Sie entstand in der zweiten Hälfte des 18. Jh.s nach barocken Plänen. Der Turm wurde 1824 hinzugefügt. Ein späterer Anbau fungierte als Erbbegräbnisstätte der Familie Borsig.

Nur ein kurzes Stück Landstraße führt ins Nachbardorf **Klein Behnitz**. Nicht zu übersehen ist die entzückende *Kirche* von 1779. Sie soll das kleinste quadratische Fachwerk-Gotteshaus Europas sein. Frisch saniert verleiht sie dem Dorf neuen Glanz. Weniger glanzvoll sondern ziemlich holprig ist ein weiteres Denkmal in Klein Behnitz: die Dorfstraße. 1909 verlegte

Klein Behnitz, Obstbaumblüte (li.) Dorfkirche (re.)

man hier tausende Ziegel, um das Fortkommen in der havelländischen Streusandbüchse zu erleichtern. Asphalt wäre sicher komfortabler, aber das historische Pflaster ist schöner anzusehen.

Wer von Nauen dem Alleenband der Bundesstraße 5 nach Westen folgt, der kommt nacheinander durch fünf Dörfer, bis die Brücke über den Havelländischen Großen Hauptkanal in das Ländchen Friesack führt.

Lietzow ist der erste Ort. Dominierendes Gebäude ist hier die neogotische Kirche aus den 1860er-Jahren. Der Baustil weist auf die Mitwirkung Friedrich August Stülers hin, der im 19. Jh. an der Planung etlicher preußischer Kirchen beteiligt war (zu Stüler ↗ Perleberg in Bd. Die Prignitz).

Berge zwei Kilometer weiter heißt nicht nur so, es liegt auch auf dem Berg. Nördlich des Dorfes fällt das Terrain deutlich zur Ebene des Luchs ab. Eine schmale Allee führt von hier nach Königshorst und weiter ins Ländchen Bellin (↗). Die Kirche (18. Jh.) an der höchsten Stelle des Dorfes ist auch in Berge – wie so oft im Havelland – das bestimmende Bauwerk. Außen am Turm findet man ein paar Grabsteine aus dem 17. Jh., Relikte einer Zeit, als das Adelsgeschlecht derer von Hake in und über Berge herrschte.

Ribbeck ist zwar nur ein kleines Dorf, sein Bekanntheitsgrad stellt aber so manche große Stadt in den Schatten. Zu verdanken ist das Theodor Fontane (↗ Neuruppin in Bd. Das Ruppiner Land) und seinem Gedicht „Herr von Ribbeck auf Ribbeck im Havelland“ (↗. S. 31). Den Gutsherr, von dem der Wanderer und Dichter aus Neuruppin erzählt, hat es tatsächlich gegeben; er lebte im 17./18. Jh. hier im Ribbecker Herrenhaus. Jenes Gebäude steht nicht mehr, der heutige Bau – die Arbeiterwohl-

Ribbeck: Herrenhaus (li.) und Dorfkirche (re.)

Dorfkirche Ribbeck
Öffnungszeiten:
April bis Okt.
täglich 10.00–17.00 Uhr
Fon (03 32 37) 890 62
oder -885 04
www.kircheribbeck.de
http://vonribbeck.de

fahrt betreibt hier ein Pflegeheim – entstand Ende des 18. Jh.s, wurde in der Folgezeit aber wiederholt verändert. Im Großen und Ganzen stellt sich das Haus heute als Werk des Jahres 1893 dar; 1954–56 hat man vereinfachend in die Fassadengestaltung eingegriffen.

Die Ribbecker *Dorfkirche*, hier findet man übrigens einen Stamm-Ausschnitt des 1911 bei einem Sturm in Mitleidenschaft gezogenen original Birnbaums, ist ein stilistisches Sammelsurium aus Mittelalter sowie 18., 19. und 20. Jh. Im vorderen Teil des Kirchenschiffs hat man in der jüngsten Vergangenheit einen modernen Gemeinderaum eingebaut. Hier bekommt man selbst gebackenen Kuchen und Kaffee – eine unkonventionelle Art der Kirchennutzung; für den Durchreisenden Gelegenheit zu einer stärkenden Rast. Neben Gottesdiensten der Gemeinde finden in der Ribbecker Kirche auch Ausstellungen und Konzerte für ein interessiertes Publikum statt.

Selbelang und **Pessin** ergänzen die große Gruppe der havelländischen Gutsdörfer. Das *Herrenhaus* in Selbelang stammt aus der zweiten Hälfte des 19. Jh.s, wurde aber im 20. Jh. durch bauliche Veränderungen schmuckloser.

Gutshäuser in Selbelang (li.) und Pessin (re.)

Das Pessiner *Fachwerk-Gutshaus* geht wahrscheinlich auf das 15. Jh. zurück und könnte womöglich das älteste in der Mark sein. Umso trauriger ist allerdings der beklagenswerte bauliche Zustand, der hoffen lässt, dass sich bald jemand des historischen Juwels annimmt.

Herr von Ribbeck

Herr von Ribbeck auf Ribbeck im Havelland,
Ein Birnbaum in seinem Garten stand,
Und kam die goldene Herbsteszeit
Und die Birnen leuchteten weit und breit,
Da stopfte, wenn's Mittag vom Turme scholl,
Der von Ribbeck sich beide Taschen voll,
Und kam in Pantinen ein Junge daher,
So rief er: „Junge, wiste 'ne Beer?"
Und kam ein Mädel, so rief er: „Lütt Dirn,
Kumm man röwer, ick hebb 'ne Birn.“

So ging es viel Jahre, bis lobesam
Der von Ribbeck auf Ribbeck zu sterben kam.
Er fühlte sein Ende. 's war Herbsteszeit,
Wieder lachten die Birnen weit und breit;
Da sagte von Ribbeck: „Ich scheide nun ab.
Legt mir eine Birne mit ins Grab.“
Und drei Tage drauf, aus dem Doppeldachhaus,
Trugen von Ribbeck sie hinaus,
Alle Bauern und Büdner mit Feiergesicht
Sangen „Jesus meine Zuversicht“,
Und die Kinder klagten, das Herze schwer:
„He is dod nu. Wer giwt uns nu 'ne Beer?“

So klagten die Kinder. Das war nicht recht –
Ach, sie kannten den alten Ribbeck schlecht;
Der neue freilich, der knausert und spart,
Hält Park und Birnbaum strenge verwahrt.
Aber der alte, vorahnend schon
Und voll Misstrau'n gegen den eigenen Sohn,
Der wusste genau, was damals er tat,
Als um eine Birn' ins Grab er bat,
Und im dritten Jahr aus dem stillen Haus
Ein Birnbaumsprössling spross heraus.

Und die Jahre gingen wohl auf und ab,
Längst wölbt sich ein Birnbaum über dem Grab,
Und in der goldenen Herbsteszeit
Leuchtet's wieder weit und breit.
Und kommt ein Jung' übern Kirchhof her,
So flüstert's im Baume: „Wiste 'ne Beer?“
Und kommt ein Mädel, so flüstert's:„Lütt Dirn,
Kumm man röwer, ick gew' di 'ne Birn.“

So spendet Segen noch immer die Hand
Des von Ribbeck auf Ribbeck im Havelland.

Theodor Fontane

Großtrappe

Staatliche Vogelschutzwarte
Dorfstraße 34
14715 Buckow bei Nennhausen
Fon (03 38 78) 602 57
Öffnungszeiten:
Besichtigung der Vogel-Ausstellung und lehrreiche ornithologische Erklärungen nach Voranmeldung

Das Naturschutzgebiet Havelländisches Luch

Das Schutzgebiet breitet sich zwischen Nennhausen und Möthlow auf einer Fläche von 5.584 Hektar aus. Flora und Fauna bieten sich verschiedene Vegetationszonen, auch wenn dies auf den ersten Blick nicht so scheint. Es finden sich sowohl Feuchtwiesen- als auch Trockenrasengesellschaften. An den Ufern der Entwässerungsgräben gedeihen Erlen, eiszeitliche Sander- und Moränenflächen werden möglichst naturverträglich ackerbaulich genutzt. Wunderschön sind die zahlreichen Wildblumen, die im Frühjahr und Sommer die Wiesen bunt erblühen lassen.

Bekannt geworden ist das Naturschutzgebiet jedoch, weil es Lebensraum der seltenen Großtrappe ist, dem größten flugfähigen Vogel Europas. Die Trappen sind scheue Steppenvögel und man muss Ausdauer und ein Fernglas mitbringen, wenn man sie beobachten möchte. Zwei Aussichtstürme östlich von Garlitz eröffnen dazu die Möglichkeit. Am besten von Mitte März bis Mitte Mai, dann ist Balzzeit und die Chance am größten, einige der etwa dreißig wild lebenden Trappen im Naturschutzgebiet vor die Vergrößerungslinsen zu bekommen.

Darüber hinaus ist das ebene Luch im Frühjahr und Herbst Rastplatz für große Scharen Kraniche und Wildgänse. Wer mehr wissen möchte über die Natur im Schutzgebiet, besucht die Vogelschutzwarte in Buckow. Hier gibt es viel über das Luch zu erfahren, vor allem über seine Ornis (Vogelwelt).

Radroute NSG Havelländisches Luch: ca. 35 km Nennhausen – Buckow – Garlitz – Barnewitz – Buschow – Möthlow – Liepe – Damme – Nennhausen (Karte S. 34)

Diese Radrundtour führt auf Landstraßen durch das zentrale Havelland, zumeist unter dem schützenden Dach von dicht stehenden Alleenbäumen. Weil die Bahnstrecke Berlin-Hannover das Gebiet quert, bietet es sich an, mit dem Zug anzureisen. Der zweistündlich verkehrende Regionalexpress von Berlin benötigt nach Buschow etwa 40, nach Nennhausen 47 Minuten, von Rathenow sind es nur 5 bzw. 10 Minuten.

„Von dem Zauber des Nennhauser gastfreien Hauses höre ich oft reden. Poesie, Literatur, Landleben, welch' schöner Verein!"
Neidhardt von Gneisenau 1821

Beginnen wir unsere Reise in **Nennhausen**. Wer mit der Bahn kommt, radelt zunächst in die Dorfmitte. Nennhausen ist Mittelpunkt des gleichnamigen Amtes, zu dem sich sechzehn Gemeinden zusammengeschlossen haben. Hinter der Amtsverwaltung steht das frisch sanierte *Schloss* im weitläufigen *Landschaftspark*. Nennhausen war so manches Mal Treffpunkt für Dichter und Denker. E. T. A. Hoffmann, Wilhelm von Humboldt, Chamisso und Kleist waren hier zu Gast. Berühmt geworden ist Nennhausen aber wegen Baron de la Motte Fouqué, der hier über dreißig Jahre lebte und arbeitete (↗ S. 34). Zu seiner

Schloss Nennhausen

Zeit sah das im 18. Jh. errichtete Schloss aber noch ganz anders aus. 1860 erst wurde es nach Plänen Ferdinand von Arnims – Hofarchitekt Prinz Karls von Preußen – im Stil eines englisch-neugotischen Landsitzes umgestaltet.

Wir verlassen Nennhausen in östliche Richtung, um nach der Überquerung der Schnellbahnstrecke der Straße nach Süden zu folgen. In **Buckow** lädt die *Vogelschutzwarte* zu einem Besuch. Wer sich zuvor angemeldet hat, den informiert man hier gern über die Lebensweise von Trappen, Kranichen und Wildgänsen im Luch. Etwa auf halbem Wege zwischen Buckow und Garlitz steht links eine Schautafel. Sie weist den Weg zu einem der zwei *Beobachtungstürme*. Ein breiter Schotterpfad führt dorthin, der Abstecher lohnt sich, auch wenn man keine Trappen zu Gesicht bekommt. Die Ruhe am Turm, vielleicht durchbrochen von Froschgequake, ist Balsam für die Seele. Zurück zur Hauptstraße, dann über Garlitz und Barnewitz nach Buschow. Ein kleiner Exkurs nach Osten bringt uns zum *Jagdmuseum*. Die Familiensammlung von Gert Soechting umfasst über 3.000 Jagdtrophäen, von denen etwa die Hälfte dem interessierten Publikum gezeigt wird.

In **Möthlow** wartet erneut eine Ausstellung auf uns: im *Bienenmuseum*. Zu verfehlen ist es nicht, die Beschilderung im Dorf ist deutlich. In einer großen Scheune hat man ein Sammelsurium an alten Gerätschaften zusammengetragen, das über das Gebiet der Imkerei weit hinaus geht. Die Honig-Gewinnung ist dennoch der Hauptschwerpunkt. Bienenkörbe und -kästen, verschiedene Schleudern, die älteste von 1865, Kleingeräte wie Wabenzangen, Smoker und Wachsschmelzer – über siebenhundert Ausstellungsstücke lassen an Fragen und Antworten keinen Mangel aufkommen.

In Möthlow folgen wir der Straße nach Liepe. Über Damme geht es anschließend zurück zum Ausgangspunkt in Nennhausen.

Amt Nennhausen
Fouqué-Platz 3, 14715 Nennhausen
Fon (03 38 78) 64 90
Fax -649 28
E-Mail: amt-nennhausen@t-online.de
www.amt-nennhausen.de

Jagdmuseum Buschow
Waldkolonie 15, 14715 Buschow
Fon (03 38 76) 402 33
möglichst Terminabsprache

Bienenmuseum
14715 Möthlow
Fon (03 38 76) 405 64

Havelländisches Luch bei Liepe

Wenn alles eben käme, wie du gewollt es hast,
und Gott dir gar nichts nähme
und gäb dir keine Last,
wie wär's da um dein Sterben,
du Menschenkind bestellt?
Du müsstest fast verderben,
so lieb wär dir die Welt! ...

Friedrich Heinrich Carl Baron de la Motte Fouqué (1777–1843)

Der in Brandenburg an der Havel geborene Dichter Fouqué war Patenkind Friedrichs des Großen, dem er auch seinen ersten Vornamen verdankte (↗ Schloss Sacrow in Bd. Potsdam und Umgebung).
Das literarische Werk des überzeugten Monarchisten führt zurück ins Mittelalter und in die Zeit des 30-jährigen Krieges. Es weist den aus einer Hugenottenfamilie hervorgegangenen Schriftsteller als einen der angesehensten Romantiker aus. Seine 1811 erschienene Erzählung „Undine" – das bekannteste Œuvre Fouqués – diente als Vorlage für die gleichnamigen Opern von E. T. A. Hoffmann und Albert Lortzing.

Die erste Gemahlin des märkischen Dichterbarons hatte nur wenig Verständnis für seine große Begabung. Ganz anders die Witwe Karoline von Rochow, Herrin auf Schloss Nennhausen, die Fouqué nach seiner Scheidung zur Frau nahm.
Der märkische Dichterfürst lebte und arbeitete von 1802 bis 1833 in Nennhausen, war aber in diesen mehr als dreißig Jahren stets vom gut gemeinten Geldsegen seiner Frau und deren Vater abhängig. Nach Karolines Tod 1831 blieb ihm ein Wohnrecht in Nennhausen erhalten, das jedoch mit der dritten Heirat 1833 erlosch.
Der von Heine und Kleist verehrte Fouqué starb am 23. Januar 1843 in Berlin, wo er auf dem Garnisonsfriedhof bestattet wurde.

... Nun fällt, eins nach dem andern,
manch süßes Band dir ab,
und heiter kannst du wandern
gen Himmel durch das Grab,
dein Zagen ist gebrochen,
und deine Seele hofft;
dies ward schon oft gesprochen,
doch spricht man's nie zu oft

Friedrich Heinrich Carl Baron de la Motte Fouqué

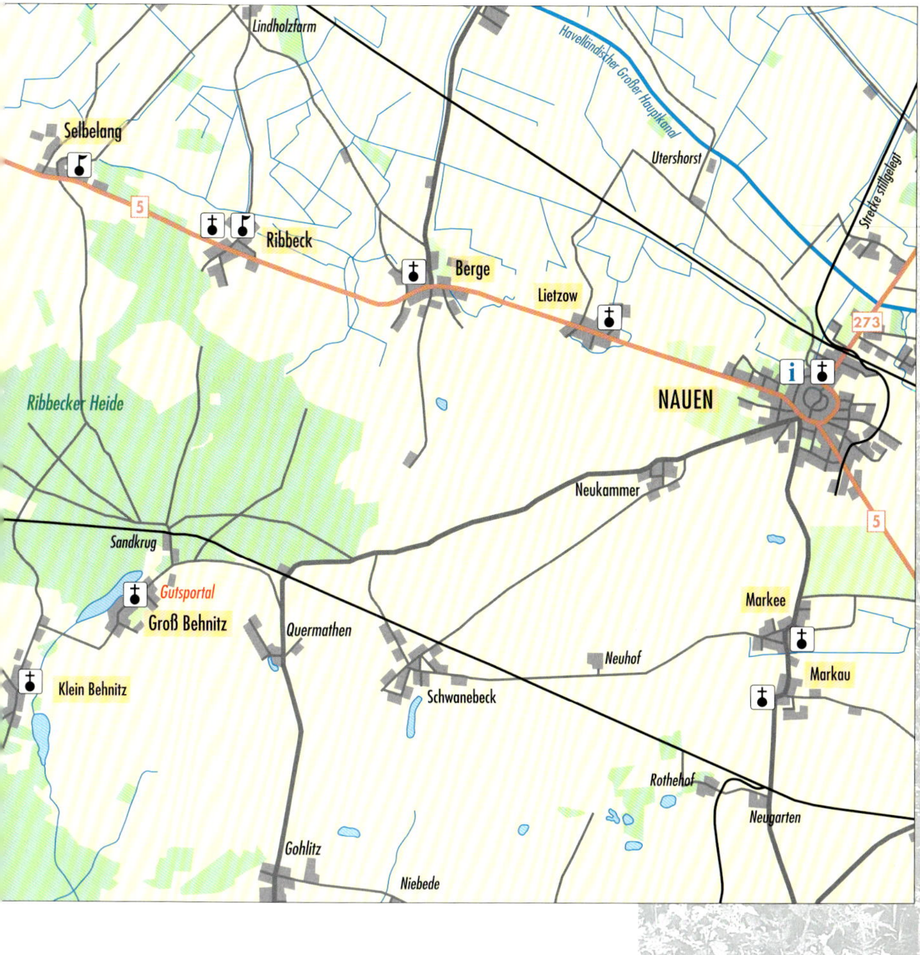

RECHTS UND LINKS VOM KETZINER HAVELBOGEN

Das grüne Land am blauen Band

Westlich von Potsdam beschreibt die Havel in ihrem Lauf durch das Havelland einen weiten nördlichen Bogen, darin stetig mäandrierend und immer wieder raumgreifend zu Seen gedehnt. Selten nur, wie in Ketzin, reicht die Bebauung ans Ufer heran. Auch die Straßen halten sich fern vom Wasser, sodass derjenige, der das Land beiderseits des märkischen Stroms erleben will alternative Fortbewegungsmittel zum Auto wählen sollte. Obwohl vor der Haustür Potsdams und Berlins gelegen, wird der Landstrich rund um Ketzin nur wenig von Besuchern frequentiert, allenfalls das historische Dorf Paretz mit seinem frisch restaurierten Königsschloss zieht Gäste in größerer Zahl an.

Hauptort der Region ist das beschauliche Land- und Fischerstädtchen Ketzin, das in den vergangenen Jahren recht erfolgreich Anstrengungen unternommen hat, sich ein neues Gesicht zuzulegen. Bekannt ist Ketzin vor allem wegen seiner Havelfähre, die zwar die Ufer verbindet, aber den Durchgangsverkehr eher abhält.

Es geht ruhig zu im Ketziner Land. Die Dörfer atmen die Stille der märkischen Provinz und erlauben mit ihren Kirchen, Guts- und Herrenhäusern einen Blick in vergangene Zeiten. Eingebettet ist das Ganze in eine von seichten eiszeitlichen Hügeln belebte offene Landschaft, in der kleine Waldungen nur selten den Blick versperren.

Ketzin selbst wird nicht mehr von der Deutschen Bahn angefahren. Wer auf sein Auto verzichten möchte, nimmt den Bus von Potsdam Hbf. (Fahrzeit ca. 50 Minuten). Bahnhöfe gibt es in Marquardt (von Berlin-Zoo über Potsdam oder Wustermark 40 Min. oder eine Stunde) sowie Groß Kreutz und Götz.

An der Fähre Ketzin

Ketzin

KETZIN

Mit der Havel auf Tuchfühlung

Oberhalb des Flusses und am nach Westen abfallenden Ufer haben die Ketziner ihre Stadt errichtet, die inzwischen auf eine über 800-jährige Geschichte zurückblickt. Die Ersterwähnung als „Cosetsyn“ fällt auf das Jahr 1197, damals noch als Dorf. Später nannte man Ketzin Städtchen oder Flecken, ordentliche Stadtrechte erhielt der Ort aber erst 1809 im Zuge der preußischen Städteordnung.

Haupterwerbszweige der Menschen waren der Ackerbau, das Handwerk und die Fischerei. Die 1738 gründete Fischergilde war die erste organisierte Zunft in Ketzin, damals immerhin mit dreißig Mitgliedern. Aus den knapp fünfhundert Einwohnern jener Zeit sind inzwischen, zusammen mit den Ortsteilen Paretz und Brückenkopf, knapp 4.000 geworden. Großen Anteil an dem stürmischen Bevölkerungswachstum im 19. Jh. – von gut tausend im Jahre 1858 stieg die Einwohnerzahl bis 1895 auf über 3.500 – hatten mehrere Ziegeleien, die ab 1860 im Umland ihre Arbeit aufnahmen, nachdem man zuvor große Tonvorkommen entdeckt hatte. Mit Wasser gefüllte ehemalige Tongruben zwischen Ketzin und Tremmen legen – inzwischen ein gutes Angelrevier – noch immer Zeugnis über diese Zeit der Industrialisierung ab.

Mittelpunkt Ketzins ist das weite Karree des *Marktplatzes*. Ganz in der Nähe fällt die *Stadtkirche St. Petri* ins Auge. Benannt wurde sie nach dem Apostel Petrus, der Patron der Fischer und Schiffer. Vom Ursprungsbau aus dem 12. Jh. ist nur noch das mit Feldstein durchsetzte Mauerwerk am Westturm erhalten. 1758–63, das mittelalterliche Gotteshaus war inzwischen nicht mehr im besten Zustand und für die angewachsene Gemeinde ohnehin zu

Amt Ketzin
Rathausstraße 7
14669 Ketzin
Fon (03 32 33) 720 12
Fax -720 99

(Tourist-Information ab 2003:
Rathausstraße 18
Fon -738 30)

Veranstaltungen in Ketzin:
Etwa alle drei Jahre im August Fischerfest
Juli Skippertreffen
Dez. Weihnachtsmarkt

Evangelisches Pfarramt
Rathausstraße 17, 14669 Ketzin
Fon (03 32 33) 805 68
Gottesdienst: in der Regel
So 9.30 Uhr

Heimatmuseum Ketzin
Rathausstraße 30, 14669 Ketzin
Fon Amt Ketzin -720 12
Öffnungszeiten:
Mai bis Sept. Di 13.00–16.30 Uhr
(ab 2003 Rathausstraße 18
Fon -738 30)

Personenschifffahrt Herzog
An der Havel 18, 14669 Ketzin
Fon (03 32 33) 827 98 u.
0171-424 16 15, Fax -830 85
E-Mail:
Personenschifffahrt@A-Herzog.de
www.personenschifffahrt-herzog.de

Strandbad Ketzin
Friedrich-Ludwig-Jahn-Weg 1
Fon (03 32 33) 809 30

Havelfähre, Fon 0171-214 33 02
Sommerzeit täglich 6.00–20.00 Uhr
Winterzeit Mo – Fr 6.00–19.00 Uhr
Sa/So 9.00–18.00 Uhr

klein, errichtete man ein neues Gebäude. Der barocke Saalbau ist außen schlicht. Die Inneneinrichtung mit kunstvoll geschnitztem barockem Kanzelaltar, Orgel (Ende 19. Jh.) und Emporen ist aber durchaus sehenswert. Allerdings ist man auf Gottesdienste oder Stadtfeste angewiesen, um St. Petris Innenraum zu besichtigen.

In Richtung Havel erinnern viele kleine, sich an den Hang schmiegende ehemalige Fischerhäuser daran, dass in Ketzin der Fischfang Tradition hat. Einige Ketziner bestreiten noch heute damit ihren Lebensunterhalt. Auf Tuchfühlung mit dem Fluss geht man an der *Havelpromenade* direkt am Ufer. Einige Liegeplätze sind hier im Sommer immer mit Booten belegt. Die Promenade ist ein schöner Ort, um die Havel und das Treiben auf ihr zu beobachten. Wer sich ein wenig näher mit Ketzin und seiner Geschichte befassen möchte, der besucht das *Heimatmuseum* in der Rathausstraße. Natürlich spielt in der kleinen Ausstellung die Fischerei eine bedeutende Rolle.

Eine Stadt an der Havel bietet sich natürlich gut als Ausgangspunkt für *Schiffstouren* an, und so gibt es auch in Ketzin eine Reederei, die mit ihren Fahrgastschiffen Ausflüge in die Umgebung anbietet. Die normalen Wochenend-Rundfahrten und die Acht-Seen-Rundfahrten dauern zwei Stunden, längere Touren und über das Jahr verteilte Sonderfahrten nehmen bis zu einen Tag in Anspruch. Der Fahrplan kann im Internet eingesehen werden.

Zum Schluss noch zwei Hinweise, die – wie könnte es anders sein – mit Wasser zu tun haben. Südöstlich von Ketzin liegt das städtische *Strandbad*. In einem normalen märkischen Sommer überspringen die Wassertemperaturen die Marke von 20 Grad. Ein Stückchen weiter, die Ausschilderung ist nicht zu übersehen, kommt man zur *Ketziner Fähre*. Sie ist, abgesehen von der Autobahnbrücke bei Töplitz, der einzige für Kraftfahrzeuge geeignete Havelübergang zwischen Geltow und Brandenburg – Flussfährenromantik pur.

Havelpromenade in Ketzin

Schloss Paretz

PARETZ

Still im Land

Wenn man im östlichen Umland von Ketzin auf Entdeckungstour gehen möchte, kommt man zunächst durch das königliche Dorf Paretz. Vorher begegnet einem links auf der Anhöhe noch eine etwa 200 Jahre alte *Windmühle*, die ursprünglich in Etzin stand, 1881 aber hierher versetzt wurde. In Paretz existierten mindestens bis ins Jahr 1216 zwei Siedlungen, die eine slawisch, die andere deutsch. Das slawische Dorf lag direkt an der Havel südöstlich des heutigen Ortes. Spätestens im 14. Jh. wurde es aufgegeben und die Bewohner schlossen sich der deutschen Siedlung an. Der Name Paretz lässt den slawischen Ursprung noch immer erahnen – auf Kroatisch heißt „porijecje" Land an einem Fluss, was auf den Namensvetter Paretz mit seiner Lage nahe der Havel ja auch zutrifft.

Bekannt wurde das Dorf im ausgehenden 18. Jh., als David Gilly 1796–97 für den preußischen Hof ein *Lustschloss* errichtete (zu Gilly ↗ Kap. Schwedt in Bd. Die Uckermark). Zeitweilig diente es dem Kronprinzen – und späteren König – Friedrich Wilhelm (III.) und dessen Frau Luise als Sommersitz.

Gilly verschrieb sich ganz der Schlichtheit des ländlichen Klassizismus', ein Umstand, den Fontane in seinen „Wanderungen durch die Mark Brandenburg" durchaus kritisch beleuchtete. Dem Kronprinzen und seiner geliebten Frau jedoch war diese schlichte Eleganz des aus einer Hugenottenfamilie stammenden Baumeisters gerade recht. Schloss Paretz war der perfekte Ort, sich abseits höfischer Ordnung in die bürgerliche Idylle zurückzuziehen. „Schloss Still-im-Land" wurde es genannt, was der Realität wohl sehr nahe kam. Königliche Anreden seitens der Dorfbewohner verbat man sich. Friedrich Wilhelm, ganz Gutsbesitzer, sah sich hier als Dorfschulze, Luise nicht als Prinzessin, sondern nur als gnädige Frau.

Veranstaltung in Paretz:
Letztes Wochenende im Juni
Scheunenfest

„In diesem also umgeschaffenen Paretz, das bei Freunden und Eingeweihten alsbald den schönen Namen »Schloß Still-im-Land« empfing, erblühten dem Königspaare Tage glücklichsten Familienlebens. Die Familie und die Stille waren der Zauber von Paretz."
Theodor Fontane

Schloss Paretz
Öffnungszeiten erfragen
Informationen:
Stiftung Preußische Schlösser und Gärten Berlin-Brandenburg
Servicetelefon:
(0331) 969 42 02
www.spsg.de

Es ist noch nicht lange her, dass man durch Paretz irrte und sich im Glauben wähnte, das Schloss sei verschwunden. Nach 1945 hatte man dem schlichten Kleinod durch bauliche Eingriffe seine Identität genommen. Mit den politischen Umwälzungen 1989 kam schnell der Wunsch auf, die Anlage getreu dem historischen Vorbild wieder herzustellen. Zum Glück waren die mit verschiedenen Motiven bemalten und bedruckten Originaltapeten 1947 größtenteils gerettet und in Potsdam eingelagert worden. Deren Restaurierung und neuerliche Einfügung in die Räume hat letztlich dazu geführt, dass Schloss Paretz viel von seiner Eleganz wiederbekommen hat. Seit kurzem wird die Anlage von der Stiftung Preußische Schlösser und Gärten Berlin-Brandenburg verwaltet. Unter deren Regie lädt Schloss Paretz zur Besichtigung der mit zahlreichen alten Möbeln ausgestatteten Räume. Eine Dauerausstellung gibt Einblicke in die Geschichte Paretz' und dessen jüngster Erneuerung.

Der einst vom Hofgärtner David Garmatter angelegte *Schlossgarten* wurde im Kern wieder hergestellt und umgibt Schloss Paretz heute abermals mit landschaftsgärtnerischem Charme. Garmatter war zudem für die Grüngestaltung des *Kirchgartens* zuständig, den man ebenfalls zum Gesamtareal des Schlossparks zählt. Diese große Freifläche im Dorfzentrum dient mit ihrem Wegenetz als räumliches Bindeglied, das die weiträumige Struktur des Dorfes ganz wesentlich bestimmt.

David Gillys Aufgabe war es nicht nur, das Schloss zu errichten, unter seiner Obhut wurde das gesamte Dorf architektonisch umgekrempelt. Aus einfachsten Unterkünften wurden feste Wohnhäuser. Sehenswert ist das Ensemble von *Mehlwaage und Spritzenhaus*, das *Gotische Haus* – früher Schmiede/heute Gaststätte – sowie die schmuckreiche kreuzförmige *Kirche*. Beim Bau des romantischen neogotischen Gotteshauses bezog Gilly 1797–98 für den Chor ein älteres Gebäude aus dem 14./15. Jh. mit ein.

Dorfkirche Paretz
Öffnungszeiten:
Mai bis Okt.
täglich 10.00–18.00 Uhr
Informationen beim Verein Historisches Paretz
Parkring 7
14669 Paretz
Fon (03 32 33) 807 47

Paretz, Dorfkirche (li.) und Mehlwage mit Spritzenhaus (re.)

Schloss Marquardt im Frühjahr

Von Paretz gelangt man über Uetz nach **Marquardt**. Ursprünglich hieß das Dorf am *Schlänitzsee* Schorin. Im Jahre 1704 ging der Ort durch Schenkung an den preußischen Haushaltsminister und späteren Oberhofmarschall Marquardt Ludwig von Printzen, dessen erster Vorname bei der späteren Umbenennung Pate stand (↗ Schollene). Für die Berliner war das Dorf in den 1930er-Jahren ein beliebtes Ausflugsziel, namentlich *Schloss Marquardt*, die prächtige Schönheit oberhalb des sich bis zum Schlänitzsee ausbreitenden Landschaftsparks. Hunderte Autos rumpelten an schönen Sommertagen über die Dorfstraße, um ihre vergnügungsfreudigen Insassen am von Kempinski betriebenen Schlosshotel zu entladen. Der Bahnhof Zoo war sogar durch regelmäßig verkehrende Busse direkt mit Marquardt verbunden. Noblesse oblige – Kempinski bewirtete den einen oder anderen aus der Berliner feinen Gesellschaft, Stars der Babelsberger Ufa wurden gesichtet – es war eine heitere Zeit damals hier, der man sich auch noch hingab, als ihre jüdische Herkunft den Kempinskis bereits zum Verhängnis geworden war. Ab 1936 hieß der neue Herr im Hause Marquardt Aschinger. Mit dem Zweiten Weltkrieg fand das turbulente Leben am Schlänitzsee sein Ende. Die geräumige Anlage wurde Lazarett. Nach 1945 war an eine Neuauflage des Vorkriegsamüsements nicht zu denken. Teile des Schlosses wurden von Forschungseinrichtungen genutzt. Erst 1998, nach langjährigem Hin und Her in den 1990er-Jahren, konnte die Treuhand-Liegenschaftsgesellschaft Schloss und Gelände an einen neuen Eigentümer verkaufen. Wie es jetzt weitergeht ... das steht immer noch in den havelländischen Sternen. Den Marquardtern dürfte es recht sein, wenn sich wieder ein Hotel ansiedeln würde und man damit an alte Zeiten anknüpfen könnte.

Schloss Marquardt zeigt sich dem Besucher zwar in barocker Formenvielfalt, der Besucher sollte sich davon aber nicht täuschen lassen, vielmehr dem Wort Barock ein „Neo"voranstellen. Das Haus in seiner heutigen Form ist nämlich noch keine hundert Jahre alt. Es wurde zwischen 1892 und 1912 vom neuen Eigentümer Louis Ferdinand Auguste Ravené anstelle eines Gutsschlosses aus dem Jahre 1791 errichtet. Ravené war hugenottischer Herkunft und entstammte einer Berliner Eisenhandelsdynastie, die zu den erfolgreichsten Industriellenfamilien Deutschlands zählte.

Am Schlänitzsee

Obstgut Marquardt
Dorfstraße 10
14476 Satzkorn
Fon (03 32 08) 577 18
0172-301 06 74
Fax -577 20
E-Mail: obstgut@t-online.de
www.obstgut.de
Öffnungszeiten:
täglich 9.00–18.00 Uhr

Der *Schlosspark* stellt sich zwar nicht mehr als vollkommene Schönheit lennéscher Gartenprägung dar, ein Spaziergang durch die grüne Welt am Schlänitzsee lohnt sich dennoch. Peter Joseph Lenné hat 1823 wie häufig in Brandenburg die natürlichen Gegebenheiten perfekt auszunutzen gewusst (zu Lenné ↗ Criewen in Bd. Die Uckermark). Hoffen wir, dass das Werk dieses großen Gartenbauers in Zukunft deutlicher noch zu erkennen sein wird, als dies heute der Fall ist. Der Schlänitzsee wird dem sicher nicht im Wege stehen, die Augen dürfen über ihn hinweggleiten, hinein ins östliche Havelland.

Besonders schön ist es in der Gegend zwischen Marquardt und Satzkorn zur Zeit der Obstbaumblüte. Dann genießt man den leuchtenden Frühlingsrausch der ausgedehnten Obstplantagen. Das hiesige Obstgut erntet hier auf über 100 Hektar verschiedene Apfelsorten, Birnen, Kirschen und Pflaumen. Man kann auch zum Selbstpflücken kommen, Süßkirschen ab Mitte Juni, Sauerkirschen ab Juli und die ersten Äpfel und Birnen sind im September reif.

Wenn man schon einmal hier im tiefen Osten des Havellandes ist, sollte man auch einige Dörfer in der Umgebung von Marquardt aufsuchen, die hübsche Kleinode beheimaten. In **Satzkorn** erinnert die schlichte *Erbbegräbnisstätte* an der *Dorfkirche* und ein – leider ungenutztes – *Gutshaus* an die Familie Brandhorst-Satzkorn, die ab 1753 die Geschicke des Dorfes lenkte. Die Kirche ist im Kern mittelalterlich, wurde aber in der zweiten Hälfte des 17. Jh.s stark verändert.

Das typisch märkische Dorfgefüge mit Gutshaus und Kirche finden wir auch im wenige Kilometer entfernten **Kartzow**. Schade, dass das Kartzower *Herrenhaus* (erbaut etwa 1850, verändert 1914) nur schwer zugänglich ist. Es steht zwar, zusammen mit dem umgebenden Landschaftspark, seit 1986 unter Denkmalschutz, der Besucher kann aber nur erahnen, welches Schmuckstück sich hier verbirgt, weil das Anwesen noch auf neue Nutzer wartet.

Dorfkirchen, Kartzow (li.) und Priort (re.)

Priort weiter nördlich liegt nah am Berliner Ring – so richtig still will es deshalb hier nicht werden –, eine Augenweide ist aber das *Fach-*

werkkirchlein aus der Mitte des 18. Jh.s. Westlich der Autobahn A 10, wieder außerhalb der Hörweite, in **Falkenrehde** steht ein hübsches sakrales Ensemble mit barocker *Kirche* (um 1750, 1910 verändert) und aufwändig gestaltetem zweiflügligem *Friedhofsportal*. Die säulenflankierte Eingangssituation zum Kirchhof schuf man etwa zu Beginn des 19. Jh.s.

Sechs Kilometer nordwestlich von Ketzin steht eines der havelländischen Wahrzeichen: die *Dorfkirche* **Tremmen** – wenngleich das außergewöhnliche hoch aufragende Gotteshaus nicht gerade zu den typischen Bauwerken der Region zählt. Hervorstechendes Merkmal der im 15. Jh. errichteten Kirche sind die Doppeltürme mit ihren aufgesetzten Zwiebelhauben, ganz Barock, fast so wie im Bayernlande. Das steinerne Zwillingspaar wurde um 1724 angefügt, brannte 1794 zum Teil schon wieder nieder, konnte aber mit Unterstützung König Friedrich Wilhelms III. zu Beginn des 19. Jh.s, jetzt nachweislich mit den eigentümlichen Zwiebelhauben, rekonstruiert werden. Wer genauer hinsieht, dem wird auffallen, dass die Zwiebeln nicht identisch sind. Die nördliche, ein Jahr ältere, ist bauchiger, die südliche ist die schlankere von beiden. Eine Besonderheit der Tremmener Kirche ist die Außenkanzel hoch oben am Westgiebel. Eindeutig überliefert ist ihre Bedeutung nicht, möglich aber, dass von dort aus Wallfahrer gesegnet wurden. Dem Ziegelabrieb wurden im Mittelalter heilende Kräfte zugeschrieben. Die Kratzspuren am Westgiebel, in etwa einem Meter Höhe an der rechten Seite des Stützpfeilers der Außenkanzel sind noch klar zu erkennen. So schön die Dorfkirche von außen ist, so lohnenswert ist auch ein Besuch des Inneren. Unter dem Kreuzrippengewölbe sind noch Reste von spätgotischen Wandmalereien aus dem 15. Jh. zu sehen (im südlichen Kreuzarm), schön auch der barocke Kanzelaltar von 1715.

Das Dorf Tremmen selbst, erstmals erwähnt 1161, lag im Mittelalter am Kreuzungspunkt mehrerer Handels- und Heerstraßen – vor allem in Friedenszeiten bedeutete dies ansehnlichen Wohlstand. Dem kamen auch die fruchtbaren Böden der Umgebung zugute. Dass die Einwohner Tremmens verhältnismäßig vermögend waren, erkennt man zum einen am Bauvolumen der Kirche, zum anderen an den Gehöften, die für die Streusandbüchse Mark Brandenburg recht schmuckreich ausgefallen sind. Seit 2000 ist das *Heimatmuseum* Anlaufpunkt für all jene, die mehr erfahren wollen, als ein Reiseführer vermitteln kann. Das Museum hat sein Domizil in einer alten Stellmacherei gefunden. In dem über 100 Jahre alten Gebäude spiegeln zahlreiche Ausstellungsstücke das Landleben vergangener Jahrhunderte wider. Eine besondere Fundgrube für wissbegierige Besucher sind die funktionstüchti-

Falkenrehde

Dorfkirche Tremmen
Öffnungszeiten: Mai bis Mitte Okt.
Sa – So 10.00 – 18.00 Uhr
oder nach Terminabsprache mit
dem Ev. Pfarramt Etzin
Fon (03 32 33) 801 47
Gottesdienst: unregelmäßig

Heimatmuseum Tremmen
Öffnungszeiten: April bis Okt.
Sa, So und feiertags
13.30 – 17.00 Uhr
Für Gruppen auch zu anderen Zeiten,
Anmeldung unter
Fon (03 32 33) 822 81 o. 822 67

Dorfkirche Tremmen

gen Gerätschaften der alten Stellmacherei. Vieles von dem, was im ländlichen Raum zum Lebenserwerb benötigt wurde, hat diese Werkstatt verlassen – Geräte für die Feldarbeit, Wagen und Räder, Tore und sogar Angelkähne. Das Tremmener Museum ist ein schöner Mosaikstein im weiten Feld der havelländisch-bäuerlichen Kultur.

Herrenhaus Roskow

Gutsherrschaftlich geht es in **Roskow** zu, zehn Kilometer südwestlich von Tremmen. Das dreiflüglige *Herrenhaus* – entstanden 1723–27, zu einer Zeit, als die Familie von Katte in Roskow ansässig war – ist dank der Nutzung als Schule recht gut erhalten. Man unterzog das Gebäude im ausgehenden 19. Jh. einer umfassenden Erneuerung, schmückte die Fassade dabei im Stil des Neobarocks. Nicht vergessen wollen wir die *Kirche*. Abgesehen vom unteren Teil des Turms aus dem Mittelalter, ist sie – wie das Herrenhaus – ein Werk der 1720er-Jahre.

Wanderung von Zachow nach Weseram: ca. 10 km

(Karte S. 46)

Diese Route am Nordufer der Havel entlang, zählt zu den schönsten Wanderwegen Brandenburgs. Wer ein geländegeeignetes Rad besitzt, kann diese Strecke auch mit dem Fahrrad bewältigen. Leider fahren keine Züge in diese Gegend, auch sind Start und Ende an verschiedenen Orten, sodass man die Anfahrt nach Zachow bzw. die Rückkehr dorthin vorher organisieren muss. Es gibt einen Bus, der die beiden Dörfer werktags, nicht aber an den Wochenenden, miteinander verbindet. Aller Hindernisse zum Trotz lohnt sich der Weg, denn er gibt an vielen Stellen den Blick auf die Havel frei. Der Fluss wechselt hier ständig seine Breite.

Wenn man von Zachow aus das flache Auen-Vorland durchquert hat, gelangt man zum Nordufer des Trebelsees. Im Sommer kreuzen vereinzelt Segelboote im Wind. Auf unserem Weg in Richtung Westen begleiten uns immer wieder Entwässerungsgräben, die teilweise parallel zum Deich verlaufen. Dann und wann verlassen wir das Ufer der Havel, kommen aber immer wieder dicht an den Fluss heran – es bietet sich reichlich Gelegenheit, die Binnenschiffe aus Berlin und Polen oder die Fahrgastschiffe aus Potsdam und Ketzin geruhsam an sich vorbeiziehen zu lassen.

Havellandschaft bei Gutenpaaren

Südlich von Ketzin, dort wo Obstplantagen vielerorts dem Ruf des Havellandes gerecht werden, lohnt ein Abstecher zu drei Dörfern an oder nicht weit von der Bundesstraße 1.

Nicht nur dem Namen nach, auch nach der Einwohnerzahl ist **Groß Kreutz** der größte Ort. Kaum zu übersehen ist das mächtige Gut, das zwischen 1604 und 1801 als Familiensitz derer von Hake genutzt wurde. Das *Gutshaus* – ganz im Landhausstil – stammt aus dem Jahre 1765 und umfasste seinerzeit Haupthaus und zwei Wirtschaftsflügel, von denen heute nur noch der westliche erhalten ist. Der östliche wurde Mitte des 18. Jh.s abgerissen und durch einen zweigeschossigen Neubau ersetzt. Der Entwurf zum Gebäude stammt wahrscheinlich von Friedrich Wilhelm Diterichs (auch Dietrichs, 1702–82), der in Berlin das Ephraimpalais und das Prinzessinenpalais (heute Opernpalais Unter den Linden) entwarf. Zum Groß Kreutzer Anwesen gehörte auch ein Park, den man erst im 19./20. Jh. anlegte und der heute leider verwildert und nicht zugänglich ist. Die mächtigen Scheunen und Stallungen lassen vermuten, dass das Gut zu den reichen im Lande zählte, bevor man es im Zuge der Landreform nach dem Zweiten Weltkrieg enteignete.
Gegenüber dem Herrenhaus steht die 1991–97 umfassend renovierte Groß Kreutzer *Dorfkirche*, ein im Kern auf das 13. bis 15. Jh. zurückgehendes Bauwerk. Schiff und Turmaufsatz wurden im Jahre 1775 verändert. Sehenswert ist die Innenausstattung mit einem barocken Kanzelaltar von 1722 und einer Empore, die an beiden Seiten in die Kreuzarme hineinreicht.

www.amt-grosskreutz.de

Evangelisches Pfarramt
Bahnhofstraße 2
14550 Groß Kreutz
Fon (03 32 07) 320 15
www.kirchengemeinde-gross-kreutz.de
Gottesdienst: So 10.30 Uhr
Besichtigung der Kirche nach Voranmeldung oder im Pfarramt gegenüber melden

Zwischen den beiden Dörfern Krielow und **Derwitz** erinnert ein 1991 errichtetes *Denkmal* an *Otto Lilienthal*. Das moderne Werk des Stahnsdorfer Bildhauers Wilfried Statt symbolisiert mit einem stilisierten, einen kubischen Raum durchbrechenden Gleiter die von Lilienthal im Sommer 1891 durchgeführten Flugversuche. Hier am Derwitzer Mühlenberg konnte sich Lilienthal erstmals unabhängig vom Wind zwanzig Meter und mehr in der Luft halten (↗ Stölln). Der kleine Aufstieg lohnt sich, die Sicht ins Havelland, über die Wiesen der Schmergower Ebene im Ketziner Havelbogen, ist neben dem Denkmal ein weiterer Grund, hierher zu kommen.

Veranstaltung in Derwitz:
Mitte September Lilienthalfest

Lilienthal-Denkmal bei Derwitz

Von Derwitz führt eine Sand-und-Staub-Piste ins nahe **Kemnitz**. Die meisten Besucher kommen wegen eines Golfplatzes hierher. Es gibt aber auch ein schönes *Herrenhaus* aus der Renaissance-Zeit, das vor einigen Jahren denkmalpflegerisch restauriert wurde. Die ehemaligen Stallgebäude funktionierte man zu komfortablen Wohnungen um.

Linde
Gohlitz
Niebede
Riewend
Dorfkirche Tremmen
NSG Bagower Bruch
Vogelgesang
Riewendsee
Wachow
Tremmen
Gortz
Bagow
Päwesin
Bollmannsruh
Marienhof
Beetzsee
Fernewerder
Lünow
Zachow
Brückenkopf
Gutenpaaren
Roskow
Trebelsee
Weseram
Havel
Schmergow
Ketziner Siedlung
Saaringen
Deetz
Deetzer Siedlung
Grenzgraben
108
Götzer Berg
Götz
Gollwitz
Jeserig
Krielow
Lilienthal-Denkmal
Siedlung am Bahnhof
1
Groß Kreutz
Derwitz
AS 22 Groß Kreu
Bochow Bruch
Bochow
Tourist-Information
Museum
Herrenhaus
Kirche
Windmühle
Aussichtspunkt
Rundwanderweg S. 83
Wanderweg S. 44/45
0
3 km
N

Rothenhof
Neugarten
Am Weiler
Wustermark
AS 26 Berlin-Spandau
Finkenkrug
Neurohrbeck
Dyrotz
10
Hoppenrade
Elstal
5
Olympisches Dorf
Etzin
Buchow-Karpzow
Buchow
Karpzow
55
Eichenberg
Priort
273
Vor Ketzin
Dorfstelle Knoblauch
68
Weinberg
Neu Falkenrehde
Falkenrehde
Kartzow
Paaren
Großer Graben
Havelkanal
KETZIN
Schloss Paretz
AS 25 Potsdam Nord
Satzkorn
Uetz-Paaren
Fahrland
Paretz
Uetz
Sacrow -Paretzer -Kanal
Marquardt
Göttinsee
Göttin
Schlänitzsee
Schlänitzsee
Fahrlander See
Neu Fahrland
Neu Töplitz
Eichholz
AS 24 Leest
Leest
Neu Grube
Nedlitz
Wubitz
Töplitz
Nattwerder
Grube
Bornim
Kleiner Zernsee
Phöben
Bornstedt
AS 23 Phöben
Kolonie Zern
Großer Zernsee
Kemnitz
Berliner Ring
WERDER / HAVEL
Golm
Eiche
POTSDAM
1
Grosser Plessower See
Kuhfort
Neu Plötzin
Plessow
Havel
Wildpark West

DIE HAVEL

Lebensader der Mark Brandenburg

Sie ist ein sonderbarer Fluss, diese Havel, scheint sich nicht recht entscheiden zu können, wo sie denn hin will. Sie kommt von Norden, wendet sich nach Westen, um letztlich doch wieder nach Norden zu streben, wo sie sich, nach etwa 340 Kilometern windungsreichen Laufes, in die Elbe ergießt. Eine Quelle hat die Havel nicht. Ihr Geburtsort ist der kleine Dambecker See im Mecklenburgischen nicht weit von Neustrelitz. Bis Berlin-Spandau bleibt sie genügsam, dort vereint sie sich mit der Spree, ihrem größten Nebenfluss, der ihr mehr Wasser schenkt als sie selbst aus Mecklenburg und der nördlichen Mark mitbringt – sie wächst zum Strom heran. Das Einzugsgebiet der Havel umfasst etwa eine Fläche von 24.100 km². Das Gefälle ist nur gering, gerade 41 Meter Höhenunterschied liegen zwischen Entstehungs- und Mündungsort. Besondere Eigenheit des märkischen Stromes sind seine vielen Seen, zu denen er sich immer wieder weitet, in Mecklenburg, bei Fürstenberg und Himmelpfort, in Berlin, zwischen Potsdam und Brandenburg und von Plaue bis Pritzerbe. Durch das Mäandrieren, zahlreiche Altarme und seenartige Erweiterungen ist die Havel ein friedfertiger Fluss. Überschwemmungen sind, auch dank der geringen Niederschläge von unter 600 Liter/m² jährlich selten und stellen kaum eine Gefahr für Städte und Dörfer dar. Bevor der Mensch mit Regulierungsmaßnahmen eingriff galt lediglich der Unterlauf zwischen Havelberg und Pritzerbe als unberechenbar (↗ Quitzöbel in Bd. Die Prignitz).

Brücke über die Gülper Havel

Die Havel soll nach den Planungen des Naturparks Westhavelland wieder naturnah gestaltet werden. Einen Schwerpunkt dabei bildet die Verbesserung der Wasserqualität, die in den letzten Jahren unter anderem

Havelfischer

durch den vermehrten Bau von Kläranlagen und die Stilllegung veralteter Industrieanlagen, schon erfolgt ist. Das spiegelt sich vor allem in der artenreichen Fischwelt wider. Auch die Anzahl der Fische wird sich in Zukunft erhöhen. Über vierzig Arten zählt man mittlerweile, darunter verschiedene Neuenaugen, Stint, Aal und Karpfen, Stichling, Steinbeißer und Schlammpeitzger, Plötze, Schleie und Karausche und natürlich den Zander, der als „Havelzander" ungezählte Speisekarten märkischer Restaurants ziert. Warten wir nur noch auf den Lachs, der bis ins 18. Jh., und den Stör, der noch im 19. Jh. in der Havel heimisch war. Um den Artenreichtum zu bewahren und auszuweiten, werden sicher auch in Zukunft noch große Anstrengungen unternommen werden müssen. Dies betrifft nicht nur die Fische, auch Amphibien wie Molche, Kröten und Frösche sowie Reptilien wie die Europäische Sumpfschildkröte und verschiedene Schlangenarten sind direkt von der Wasserqualität, dem Nahrungsangebot und von der Ufergestalt abhängig.

Seit der Mensch die Havelregion besiedelte, ist der Fluss stets in dessen Dienst gestellt worden. Immer schon, auch zur Zeit des Slawenstammes der Heveller, dem sowohl Fluss als auch Landstrich ihren Namen verdanken, bot die Havel den Fischern ein gutes Auskommen. Später wurden Mühlenwehre angelegt und Schleusen gebaut. Die Havel wurde zur Wasserstraße, man hob verschiedene Kanäle aus, um die Fahrtstrecke zwischen Havelberg bzw. Fürstenberg und Berlin zu verkürzen. Überhaupt hat Berlin, vor allem das der Gründerjahre, die Bedeutung der Havel als Transportweg maßgeblich beeinflusst. Unvorstellbare Mengen an Ziegeln mussten ab dem ausgehenden 19. Jh. aus dem Havelland und der Uckermark in die aufstrebende Reichshauptstadt gebracht werden, um Fabriken und Mietskasernen aus dem Boden zu stampfen. Ohne die Havelschifffahrt wäre dieses Unterfangen ungleich schwerer gewesen.

Heute steht, neben ihrer Funktion als Bundeswasserstraße, vor allem der Erholungswert des norddeutschen Neckars, wie Fontane die Havel einst nannte, im Vordergrund. An schönen Tagen bevölkern Segelboote die Havelseen, kleine und größere Motoryachten kreuzen vor Potsdam und Werder, auch Gruppen von Kajakfahrern ziehen leise am Ufer vorbei.

Alle wollen die Schönheit dieses Flusses genießen, und je mehr man sich Berlin und Potsdam nähert, umso reger ist der Betrieb auf dem Wasser und an den vielen Badestellen am Ufer. In den Weiten des Havellandes geht es stiller zu. Dort kann man die Ruhe des malerisch dahingleitenden Flusses ungestört genießen, den Libellen bei ihren Flugkünsten und den Fischen beim Insektenfang zusehen.

WASSERWANDERN IM HAVELLAND

Im Paradies für Freizeitkapitäne

Wasser- und Schifffahrtsamt Brandenburg
Brielower Landstraße 1
14772 Brandenburg a. d. Havel
Fon (033 81) 266-0
E-Mail: post@wsa-brb.wsv.de

Die Havel zwischen Berlin und der Mündung in die Elbe bei Havelberg einschließlich ihrer vielen Seen ist eines der schönsten Wasserwanderreviere Europas. Die Landesregierung von Brandenburg ist sich der wirtschaftlichen Bedeutung des Wassertourismus' bewusst und fördert die Entwicklung einer entsprechenden Infrastruktur. Das betrifft vor allem Wasserwanderrastplätze, die verstärkt in den letzten Jahren ausgebaut wurden und noch werden. Zugleich versucht man, dem Umweltschutz Rechnung zu tragen und die Sportschifffahrt durch Sperrungen von Altarmen und Seen sowie Ankerverbote so naturverträglich wie möglich zu lenken.

Im Verwaltungsdeutsch werden die Havel und ihre Seen im Havelland „Untere Havel-Wasserstraße" genannt (UHW), in Ergänzung zur „Oberen Havel-Wasserstraße" nördlich von Berlin. Weil die UHW eine Bundeswasserstraße ist, gelten die Regeln der Binnenschifffahrtsstraßenordnung, im Gegensatz zu den brandenburgischen Landesgewässern Emstergewässer bei Lehnin (mit Emsterkanal, Rietzer See, Strenggraben, Netzener See, Klostersee) und Gülper Havel.

Attraktive Reviere abseits der auch von der Berufsschifffahrt genutzten Havel sind die bereits erwähnten Emstergewässer, der Beetzsee, Breitling-/Möserscher See, Großer Wusterwitzer See und der Hohennauener See. Einige Wasserwege führen aber auch in die Städte hinein, so in Brandenburg a. d. H., Rathenow und im Norden – schon außerhalb des Havellandes – in Havelberg (↗ in Bd. Prignitz). In Rathenow sollten Motorboote Stadtschleuse und Stadtkanal nutzen, in Brandenburg ebenfalls den Stadtkanal genannten Havelarm, der auf direktem Wege ins historische Stadtzentrum führt.

Die Schleusenzeiten sind in der Randspalte aufgeführt. Drei Sportbootschleusen – bei Bahnitz und die an der Gülper Havel – müssen entgegen der üblichen Praxis eigenhändig bedient werden.

Voraussetzung, um die Naturschönheiten des Havellandes mit dem Motorboot zu genießen, ist ein Sportbootführerschein Binnen, der ab einer Motorleistung von über 3,68 KW erforderlich ist. Wer in Besitz eines solchen Scheines ist, kann sich auch ein Boot ausleihen. Über die Verleiher geben die Tourist-Informationen Auskunft. Im Buchhandel gibt es inzwischen eine ganze Reihe Karten und Bücher, die speziell das Thema Wasserwandern in Brandenburg behandeln, nützliche Helfer, um sich auf den märkischen Gewässern zurechtzufinden.

Noch ein paar wichtige Hinweise: Man sollte sein Boot nie ungesichert alleine lassen. Schloss und Kette, Alarmanlage oder Wegfahrsperre minimieren das Risiko, die Rückreise auf dem Landweg anzutreten. Auch, wenn man nur kurz den Anleger verlässt: Es ist immer besser, Fenster und Türen zu schließen. Und Alkohol ist wie auf der Straße ein schlechter Beifahrer – für Freizeitschiffer gilt die 0,8 Promille-Grenze.

Schleusenbetriebszeiten

Havelkanal
Schleuse Schönwalde
Mo–Sa 6–20 Uhr,
So/f'tags. 7–19 Uhr

Pareyer Verbindungskanal
Schleuse Parey
Mo–Sa 6–20 Uhr,
So/f'tags. 7–19 Uhr

Untere Havel-Wasserstraße
Vorstadtschleuse Brandenburg
Mo–Sa 6 – 20 Uhr,
So/f'tags. 7–19 Uhr
Sportbootschleuse Brandenburg
01.04. – 30.09.
Mo–Sa 7–19 Uhr,
So/f'tags. 7–20 Uhr
Schleusen Bahnitz bis Havelberg
Mo–Sa 6–19 Uhr,
So/f'tags. 7–18 Uhr
außer Stadtschleuse Rathenow
01.05. – 30.06.
Fr 12–20 Uhr,
Sa/So/f'tags 9–20 Uhr
01.07.–31.08.
Mo–Do 9–18, Fr–So 9–20 Uhr

Elbe-Havel-Kanal
Schleuse Wusterwitz
Mo–Sa 6–20 Uhr,
So/f'tags. 7–19 Uhr

Schleusenzeiten der Bundeswasserstraßen im Internet:
www.elwis.de/servlet/IbMenu?ID=1008
(Offizielle Seiten der Wasser- und Schifffahrtsverwaltung des Bundes)

Wasserschutzpolizeistationen
Brandenburg Fon (033 81) 40 49-0
Rathenow Fon (033 85) 50 34 15

Wassertankstellen:
Brandenburg a. d. H., UHW km 57,5/Silokanal
Fon (033 81) 71 79 55
Brandenburg a. d. H., UHW km 58,7/Brandenburger Niederhavel/Bootswerft Hohmann
Fon (033 81) 66 01 66

DAS LEHNINER LAND

Slawenland in Zisterzienserband

Mit der deutschen Ostkolonisation ging im 12./13. Jh. der Lebensraum der damals hier siedelnden Slawen nach und nach verloren. Zur Sicherung ihres Machtbereichs bedienten sich die Deutschen gerne der Klöster als christliche Kolonisationskerne im „heidnischen" Gebiet. Lehnin war das erste Kloster der Mark. Ihm gebührt daher ein besonderer Rang unter den Brandenburger Abteien. Jährlich zieht es tausende Besucher hierher, die sich von der besonderen Stimmung an diesem Ort einfangen lassen.

Neben den gut erhaltenen Gebäuden des Klosters ist es vor allem die Natur, die den Reiz des Lehniner Landes ausmacht. Die kleinen, von Lehniner Mönchen auf gerodeten und trockengelegten Flächen gegründeten, Dörfer liegen inmitten ausgedehnter Wälder. Hin und wieder beleben kleine Seen das Landschaftsbild. Die Emster durchfließt, malerisch flankiert von bewachsenen Uferzonen, das Gebiet von Südost nach Nordwest und passiert – 1866–72 größtenteils kanalartig ausgebaut – auf ihrem Weg zur Havel einige Seen. Das als Landeswasserstraße ausgewiesene schmale Flüsschen ist mit dem Boot befahrbar, auch ein Ausflugsdampfer zieht hier und auf den Seen seine Runden.

Von besonderem Reiz ist das Vogelschutzgebiet Rietzer See nördlich von Netzen. Es zählt zu den schönsten Naturparadiesen Brandenburgs und darf bei einem Besuch des Lehniner Landes nicht fehlen. Wer allerdings umweltfreundlich mit dem Zug anreisen möchte, der hat es schwer. Sämtliche Bahnhöfe liegen außerhalb der Region. Am geeignetsten sind die Haltepunkte in Groß Kreutz und Götz (an der Strecke Potsdam-Brandenburg/H.) und in Beelitz-Heilstätten (an der Strecke Berlin-Belzig). Der Bus vom Potsdamer Hauptbahnhof nach Lehnin benötigt ca. 55 Minuten.

Emsterkanal nördlich von Netzen

Die Dorfmitte von Lehnin

LEHNIN

Geweihte Perle des Havellandes

Klöster haben, auch wenn ihre Zeit des frommen Betens in Brandenburg seit der Reformation der Vergangenheit angehört, bis heute etwas Geheimnisvolles. Orte wie Chorin, Heiligengrabe (↗ Bd. Die Prignitz) und Kloster Zinna (↗ Bd. Der Fläming) zählen zu den reizvollsten Zielen im Rahmen eines Brandenburg-Besuchs – und eben auch Lehnin im südlichen Havelland.

Gegründet wurde das hiesige Kloster 1180 durch Markgraf Otto I. 1183 kamen die ersten Mönche an. Sie stammten aus dem 1141 gestifteten Zisterzienserkloster Sittichenbach südlich von Eisleben, das im Gegensatz zu Kloster Lehnin aber zerstört ist. Dass die gläubigen Ordensleute bei den ortsansässigen, auch Wenden genannten, Slawen beliebt waren, davon konnte sicher keine Rede sein. Der erste Lehniner Abt Sibold wurde denn auch von aufgebrachten wendischen Fischern erschlagen. Er hatte sich zwar vor ihnen auf einen Baum geflüchtet, konnte aber trotzdem seinem Tode nicht entgehen. Die dem Abt kurzzeitig Schutz gewährende Eiche soll noch sehr lange im Wald gelegen haben, ohne dass sie verrottete. Niemand traute sich, das böse hölzerne Omen zu berühren. Erst im 18. Jh. soll sich ein furchtloser Müller des gut erhaltenen Stammes bemächtigt haben, um daraus eine Mühlenwelle zu schnitzen. Das hätte er besser gelassen, denn eines Nachts – so will es die Sage – trieb ein Sturm die Welle derart heftig an, dass sie Feuer fing und die ganze Mühle abfackelte.

Den späteren Äbten blieb das Schicksal Sibolds erspart. Bis zur Reformation ging alles seinen gottvertrauten Gang. Lehnin war das wohlhabendste Kloster in der Mark Brandenburg, in dessen Besitz sich neben der Stadt Loburg (↗ Bd. Der Fläming) noch 64 Dörfer sowie zahlreiche Fischereien, Wind- und Wasser-

Gemeinde Kloster Lehnin
Friedensstraße 3
14797 Lehnin
Fon (033 82) 730 70
Fax -73 07 62
E-Mail:
amt-lehnin@t-online.de
www.lehnin.de

Veranstaltungen im Lehniner Land:
Sonntag nach Pfingsten
Backofenfest Emstal
Juni Vogelscheuchenwettbewerb
Juni bis Sept.
Lehniner Sommermusiken
Sept. Internationales Kürbisfest in Lehnin

mühlen, Wälder, Weinberge und Ackerland befanden. Im Jahre 1542 hatte es mit diesem Reichtum wie auch dem katholischen Beten und Arbeiten ein Ende. Kurfürst Joachim II. von Brandenburg löste das Kloster auf, es wurde Domänengut. Im 30-jährigen Krieg arg gebeutelt, ließ der Große Kurfürst Friedrich Wilhelm die Anlage im 17. Jh. zu einem Jagdschloss umwandeln. Dessen erste Frau Louise-Henriette (↗ Oranienburg in Bd. Das Ruppiner Land) hielt sich in den Sommermonaten gern hier auf, weshalb das 1911 gegründete Lehniner Diakonissenmutterhaus „Luise-Henrietten-Stift" nach ihr benannt wurde.
Im 18. und 19. Jh. setzte preußisches Desinteresse und einhergehender Verfall den Bauten des ehemaligen Klosters zu. Erst unter Friedrich Wilhelm IV., dem kunstsinnigen romantischen Preußenkönig, begann eine Periode der Erhaltung und Rekonstruktion. Ihm und seinem Nachfolger Wilhelm verdanken wir, dass die großzügig bemessene Anlage in die Gegenwart hinübergerettet wurde. Herausragender Bau ist die *Klosterkirche*, deren östlicher Teil mit Chor und Vierung (↗ St. Peter und Paul/Nauen) die Zeit

Klosterkirche Lehnin

des Verfalls überdauert hat. Das westliche Kirchenschiff wurde 1871–77 ergänzt. Das Innere der kreuzförmigen dreischiffigen Basilika beeindruckt durch seine spürbare Ausgewogenheit. Backsteinerne Einfassungen an Stützpfeilern und Fenstern, in harmonischer Eintracht mit den weit ausholenden Kreuzrippen unter der Decke, formen einen geradezu ebenmäßigen Raum. Der schlichten Ausstattung geschuldet, lenkt im Westen als dominierendes Motiv ein Schnitzaltar von 1476 die Blicke auf sich. Von Juni bis September ist die Klosterkirche alljährlich historischer Konzertsaal für die Lehniner Sommermusiken. Einige Gebäude auf dem Gelände des Klosters gehen noch auf das Mittelalter zurück. Zwei davon sind besonders hervorzuheben, *Königshaus und Falkonierhaus*. Das Abtshaus aus dem 14. Jh. – in Erinnerung an

Klosterkirche St. Marien
Öffnungszeiten:
April bis Okt.
Mo–Fr 9.00–12.00
u. 13.00–16.00 Uhr
Sa/So/feiertags 11.30–12.00
u. 13.00–17.00 Uhr
Nov. bis März
Mo–Fr 10.00–12.00 u.
13.00–16.00 Uhr
Sa/So/feiertags 11.00–12.00 u.
13.00–16.00 Uhr
Gottesdienst: So 10.30 Uhr

Friedrich Wilhelm IV., der den Abriss verhinderte –, auch Königshaus genannt, zeigt sich ganz in der Formensprache der Gotik mit spitzbogigen Fenstern, Blendwerk und Fialen (Ziertürmchen). Es diente dem Kloster aller Wahrscheinlichkeit nach als Hospital und zählt zu den ältesten Krankenanstalten der Mark Brandenburg. Im 16. Jh. wurde es zu einem kurfürstlichen Jagdhaus umgebaut. Heute werden die gewölbegeschmückten Räume für Fortbildungsseminare des Stiftes und für Lesungen und Konzerte genutzt. Mit dem Falkonierhaus begeben wir uns ins ausgehende 15. Jh. Es diente ebenfalls kurfürstlichen Jagdgesellschaften als Unterkunft und ist heute Stiftskindergarten.

Zahlreiche historische Bauten befinden sich auf dem ehemaligen Klostergelände, darunter das von Ludwig Persius neogotisch entworfene Haus der *Superintendentur* von 1845 links vom Markttor (zu Persius ↗ auch verschiedene Gebäude in Bd. Potsdam und Umgebung), einige *Wirtschaftsgebäude* und ein *Kornspeicher* aus dem 14. Jh. Im Südwesten sind noch Teile der alten *Klostermauer* mit einem Wehrturm, ebenfalls 14. Jh., erhalten. Darüber hinaus künden weitere Mauerreste und das *Tetzeltor* am östlichen Zugang vom Wohlstand des einstigen Klosters im Mittelalter.

Nördlich der Anlage befindet sich der neuere Teil des Luise-Henrietten-Stifts mit einem Altenhilfezentrum und dem für die Region so bedeutenden Krankenhaus.

Grundriss des Klosters Lehnin

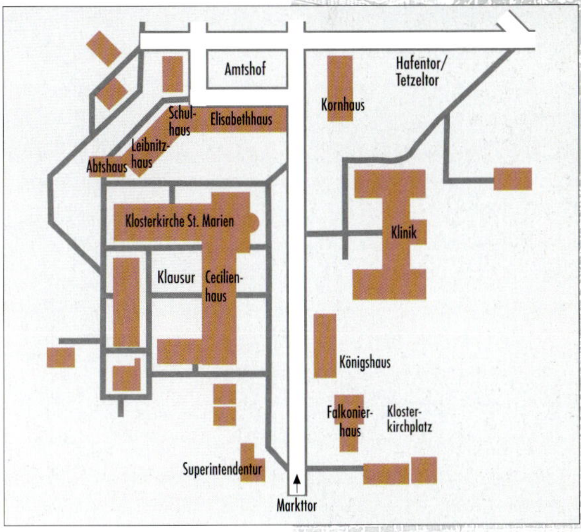

Die Sage vom Kloster Lehnin

Es war noch im Mittelalter, so gegen Ende des 14. Jh.s, da berichtete ein böhmischer Chronist namens Pulkawa von der Entstehung des Klosters Lehnin. Nach seinen Schilderungen soll es sich zugetragen haben, dass der Nachfolger Albrechts des Bären, Markgraf Otto I. (ca. 1130 bis 1184), im Jahre 1180 zur Jagd ausritt. Nach befriedigter Waidlust begab sich der müde Monarch zur Ruhe, um ein Nickerchen zu machen.

Im Traum, so berichtete Pulkawa, sei Otto so ungestüm von einer weißen Hirschkuh bedrängt worden, dass er sie habe töten müssen. Wieder erwacht, soll der Markgraf seinen Begleitern von diesem Traum erzählt haben. Diese legten ihm daraufhin nahe, an gleicher Stelle eine Burg oder ein Kloster zu gründen. Der Markgraf soll daraufhin ausgerufen haben: „Eine Burg werde ich gründen, aber eine Burg, von der aus unsere teuflischen Widersacher durch die Stimmen geistlicher Männer weit fortgescheucht werden sollen, eine Burg, in der ich ruhig den Jüngsten Tag erwarten will.“ So sollte es geschehen, dass Otto I. dort, wo heute Lehnin liegt, eine Abtei stiftete, benannt nach dem slawischen Wort für Hirschkuh.

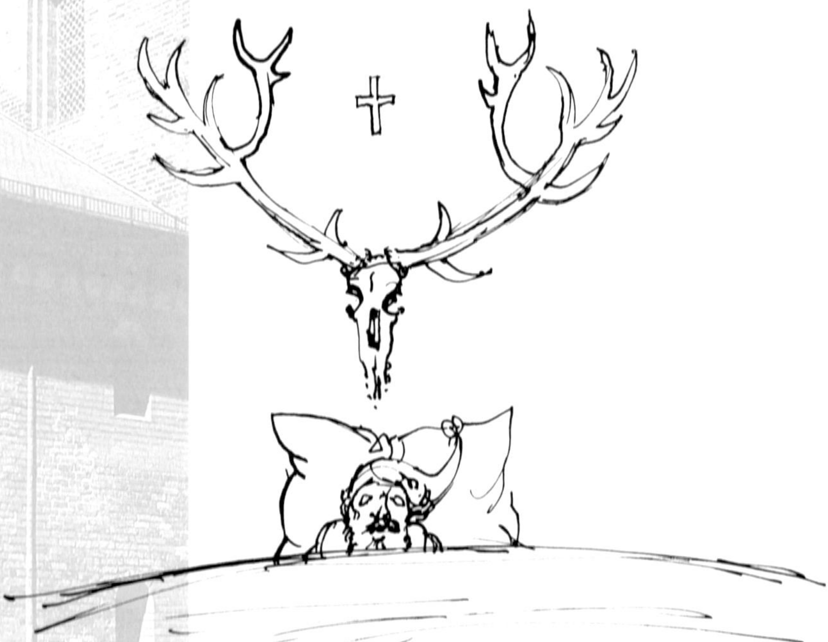

Einen Besuch wert ist das östliche Ufer des Lehniner Klostersees. Hier befindet sich das *Strandbad*. Leider sind 1998 Teile des aus den 1930er-Jahren stammenden Gebäudes niedergebrannt. Es wurde aber im historischen Stil rekonstruiert und erhielt einen umlaufenden Badesteg. Das 2001 wieder eröffnete Strandbad Lehnin zählt zu den schönsten Natursee-Badeanstalten der Mark. Etwas südlich davon hat sich auf einem Filet-Grundstück direkt am See das *Institut für Kunst und Handwerk* niedergelassen. Die meiste Zeit des Jahres werden hier Seminare angeboten, für Künstler, die schon welche sind und solche, die es noch werden wollen. Zeichnen, Malen, Modellieren – das anspruchsvolle Angebot ist vielfältig und die Atmosphäre kreativ, gute Voraussetzungen für die Entdeckung oder Weiterentwicklung der eigenen Schöpferkraft.

Aber auch derjenige, der nicht selbst künstlerisch tätig sein möchte, ist im Institut willkommen. Man veranstaltet im parkartigen Skulpturengarten regelmäßig Ausstellungen, verlässt aber mit dem Vogelscheuchenwettbewerb im Juni auch gerne das eigene Gelände, um die Region um Lehnin in das eigene Engagement einzubeziehen. Fulminanter Höhepunkt der Institutsaktivitäten ist das Internationale Kürbisfest im September. Für die Freunde der dickfleischigen Gemüsefrucht, deren deutscher Name übrigens auf das lateinische Wort cucurbita zurückgeht, ist diese visuelle wie kulinarische Lustbarkeit ein unverzichtbarer Bestandteil im Jahreskulturkalender, zu der sich mittlerweile Gäste aus der ganzen Welt ansagen.

Willibald Alexis

Am Lehniner Friedhof in der Puschkinstraße erinnert ein großer Gedenkstein an Willibald Alexis. Der 1798 in Breslau geborene Alexis, mit bürgerlichem Namen Georg Wilhelm Heinrich Häring, hielt sich von 1846 bis 1848 in Lehnin auf. In dieser Zeit entstand sein Roman „Die Hosen des Herrn von Bredow", in dem das Klosterdorf und seine Landschaft literarisch eingearbeitet wurden. Alexis, der 1817–20 in Berlin und Breslau Jura studiert hatte, widmete sich nach dem Erfolg seines ersten Romans „Walladmor" (1824) ganz der Schriftstellerei. Als seine bedeutendsten Werke gelten zahlreiche Romane mit deutlichen kulturhistorischen Bezügen auf Brandenburg-Preußen, darunter „Der Roland von Berlin", „Der falsche Woldemar" und eben auch „Die Hosen des Herrn von Bredow". 1853 verlegte Willibald Alexis seinen Wohnsitz ins thüringische Arnstadt, wo er sein literarisches Werk fortsetzte, bis er 73-jährig 1871 starb.

Strandbad Lehnin
Öffnungszeiten:
täglich im Sommer
ca. 10.00–17.00 Uhr

Institut für Kunst und Handwerk
Am Klostersee 12 b, 14797 Lehnin
Fon (033 82) 73 41 00
Fax -73 41 21
E-Mail: LIW.Lehnin@t-online.de
www.liw_Lehnin.de

„Jetzt standen sie ungefähr in der Mitte des Moors. Weithin zur Linken blinkten einige Lichter aus den Klostergebäuden, während ringsum nur die dunklen Föhrenwälder im Nachtkleide ihre ungastlichen Schatten warfen. Ruprecht blieb stehen und schaute nicht unruhig, aber bedächtig nach Luft und Erde und den vier Winden."

Aus dem Kapitel „Kloster Lehnin" in „Die Hosen des Herrn von Bredow" von Willibald Alexis

Lehnin mit seinen zahlreichen Unterkünften ist der beste Ausgangspunkt, um den erholsamen Landstrich im Süden des Havellandes zu erkunden.

Backofen in Emstal

In **Emstal**, vier Kilometer südöstlich von Lehnin, stehen an der Alten Lehniner Straße mehrere etwa 120 Jahre alte *Dorfbacköfen*. Jedes Jahr zu Karfreitag und Pfingstsonnabend wird darin öffentlich Brot gebacken. Am Sonntag nach Pfingsten feiern die Emstaler ein Backofenfest, auch dann zieht der betörende Duft von frischem Brot durchs Dorf. In Sichtweite, im alten Konsumladen, haben die Emstaler ein *Backofenmuseum* eingerichtet, mit einer Backstube und historischen Gerätschaften des Bäckerhandwerks.

Backofenmuseum
im alten „Konsum", Emstal
Öffnungszeiten:
Sa 14.00–16.00 Uhr
Oder nach Terminabsprache unter
Fon (033 82) 504,
dort auch Informationen zum
Schaubacken in Emstal

Südwestlich von Emstal in **Rädel** befindet sich eine barocke *Kirche* aus dem 18. Jh., deren Besonderheit es ist, dass ihr Turm aus statischen Gründen nicht wie üblich an der West-, sondern an der Ostseite in die Höhe ragt. Die sumpfige Vergangenheit der Region und der labile Untergrund zwangen die Rädeler zu diesem ungewöhnlichen baulichen Zugeständnis. Wer den Weg nach Rädel gefunden hat, der kann sich hier auf dem „Ökohof Märkische Heide" gleich mit umweltverträglich produzierten Eiern und Milchprodukten, Fleisch, Wurst und Gemüse eindecken. Aber auch kaufunwillige Besucher sind immer willkommen und können sich das tierische Treiben auf dem Hof besehen.

Ökohof Märkische Heide
Haupstr. 4, 14797 Rädel
Fon (033 82) 224
E-Mail: maerkischeheide@web.de
Öffnungszeiten:
Fr 13.00–18.00 Uhr,
Sa 9.00–12.00 Uhr

Radwanderroute Lehnin-Rädel-Emstal-Lehnin: ca. 12 km (Karte S. 60)

In Lehnin geht es zunächst über die Friedensstraße in Richtung Golzow/Belzig. Von dieser knickt die Lindenstraße links ab, die uns zu einem alten Friedhof bringt. Wir lassen die Puschkinstraße links liegen (oder fahren sie ein kurzes Stück entlang zum Denkmal für Willibald Alexis) und folgen der Lindenstraße zum Gohlitzsee. Etwa tausend Meter führt die Straße am Westufer des Gohlitzsees entlang. Wenig später knickt die Straße links nach Rädel ab. Ein kurzer Besuch der Kirche oder im Ökohof und weiter geht es über den Busendorfer Weg in Richtung Osten. Nach nicht ganz zwei Kilometern Fahrt durch weitgehend offenes Gelände zweigt ein Weg links nach Emstal ab, dessen Ortsmitte mit seinen alten Dorfbacköfen nach weiteren 1.500 Metern erreicht ist. Am westlichen Dorfausgang beginnt der Emstaler Schlauch, den man im Sommer zu einem Bad nutzen kann. Von Emstal geht es

Haubentaucher

zurück nach Lehnin. Die kurvige Straße führt in sanften Wellen durch das waldreiche Naturschutzgebiet der Lehniner Mittelheide, bis uns die Gartenstraße wieder zum Ortskern von Lehnin führt.

Blick über den Colpinsee

Die Seen im Lehniner Land sind so verschieden wie die Umstände ihrer Entstehung. Der so genannte *Emstaler Schlauch* ist eine malerische Seenlandschaft, die im 19. Jh. durch Torfstich entstand. An einer Naturbadestelle kann man hier im Sommer ein erfrischendes Bad im sauberen Wasser nehmen. Ebenfalls Badefreuden, auch hüllenlos, gibt es am *Colpinsee* etwa eine Stunde Fußwanderung östlich von Lehnin.

Freizeitvergnügung ganz anderer Art bietet das *Fahrgastschiff MS Emster*, das auf dem Netzener und dem Klostersee zu gut einstündigen Rundfahrten unterwegs ist. Die Anlegestelle findet man am Hotel Seehof in **Netzen**.

Auskunft über Fahrten mit der MS Emster:
Hotel Seehof
Am See 7, 14797 Netzen
Fon (033 82) 76 70, Fax -842
E-Mail:
hotel.seehof.netzen@t-online.de
www.seehof-netzen.de

Fahrgastschiff MS Emster

Ob Ornithologen, Hobby-Vogelkundler oder einfach nur Naturfreunde, für sie alle ist das 1.134 Hektar große *Naturschutzgebiet Rietzer See* ein faszinierendes Naturparadies, das den Besucher in eine ferne Welt zu entführen scheint. Im Grunde genommen besteht das weite Schutzgebiet aus zwei Seen, dem schon lange existierenden Rietzer See und dem Strengsee der sich erst nach 1991 bildete, als man das Schöpfwerk abstellte. Diese zwei nährstoffreichen Flachgewässer gewähren einer Unzahl von Vögeln idealen Lebensraum und zählen zu den bedeutendsten Vogelschutzgebieten Mitteleuropas. Über 260 Arten sind hier beobachtet worden, von denen etwa 100 rund um die Seen auch brüten. Zwei Aussichtstürme, einer nördlich von Netzen und ein weiterer in Rietz, erlauben ungestörte Blicke in diese stille Landschaft. Je besser das mitgeführte Fernrohr oder der Feldstecher ist, umso begeisterter wird man sich der Artenvielfalt am, auf und über dem Wasser widmen können. Grau- und Silberreiher, Kra-

Staatliche Vogelschutzwarte Brandenburg
Rietzer See, 14778 Schenkenberg
Fon (03 32 07) 512 71

Bartmeisen-Männchen am Nest

Mit seiner kräftigen Stimme gehört der Drosselrohrsänger zu den auffälligen Vögeln der Röhrichte

niche und Störche, Graugänse und Höckerschwäne, Schwarzhals-, Zwerg- und Rothalstaucher, Schell-, Löffel-, Schnatter-, Krick- und Pfeifenten, Kormorane und verschiedene Greifvögel, allen voran der Seeadler, geben sich hier – neben vielen kleineren Arten – mehr oder weniger zahlreich und einträchtig ein Stelldichein. Die schilfbestandenen Uferbereiche der Seen sind nicht zu betreten, auch Baden ist verboten. Die Natur genießt Vorrang, der Mensch hat sich auf die zwei Ausblicke zu beschränken. Nur so kann die bezaubernde Schönheit dieser geschützen Landschaft bewahrt werden. Weiter gehende Informationen und Führungen werden von der Vogelschutzwarte in Schenkenberg angeboten.

DIE WIEGE DER MARK

Brandenburg an der Havel und der wasserreiche Südwesten

Man könnte auch sagen „im Schoße des Havellandes", denn genauso liegt die Stadt Brandenburg – beiderseits der Havel, eingerahmt und behütet zwischen Breitling- und Quenzsee, Plauer und Beetzsee; ganz im Südwesten des Havellandes, nicht weit von den sanft ansteigenden Hügeln des nördlichen Vorflämings und der Zauche. Brandenburg ist nach Potsdam die zweitgrößte Stadt der Region – und eine historische noch dazu, die an Baudenkmälern keinen Mangel leidet. Geschichte auf Schritt und Tritt, kein Wunder, denn hier schlug die Geburtsstunde der Mark, und die liegt immerhin schon über tausend Jahre zurück.

Wenn das Havelland seinem Ruf gerecht wird, ein Paradies für Wassersportler zu sein, dann hier rund um Brandenburg, zwischen Pritzerbe, Wusterwitz und Päwesin. Neben der Havel ist es vor allem der lang gezogene Beetzsee, der – eher als Seenkette – das Landschaftsbild in weiten Bereichen bestimmt.

Auch der Naturpark Westhavelland durchzieht mit seiner südlichen Grenze die Region. Eine Grenzziehung, die allerdings die Frage aufwirft, warum so reizvolle Landschaften wie etwa jene zwischen Briest und Pritzerbe nicht in das Großschutzgebiet einbezogen wurden ...

Der südwestliche Winkel des Havellandes hält für seine Besucher – Naturfreunde ebenso wie Kulturbegeisterte – eine große Palette an Sehenswürdigkeiten und Aktivitäten bereit.

Ohne Auto in diesen Landstrich zu gelangen, bereitet kaum Probleme. Die Züge von Berlin zum Hbf. Brandenburg benötigen 35–40 Min, von Magdeburg, Rathenow und Belzig ca. 50 Min. Weitere Bahnhöfe gibt es u.a. in Wusterwitz, Pritzerbe und Reckahn.

Auf der Dominsel in Brandenburg

Blick von der Jahrtausendbrücke zur Altstadt

Tourist-Information
Brandenburg/Havel
Hauptstraße 51
14776 Brandenburg/Havel
Fon (033 81) 194 33
Fax -22 37 43
E-Mail: touristinformation@stadt-brb.brandenburg.de
www.stadtinfo-brandenburg.de
www.stadt-brandenburg.de
www.brandenburg.st

FVV Brandenburg/Havel e.V.
Tourist-Information am Nicolaiplatz
Nicolaiplatz 22
14770 Brandenburg/Havel
Fon (033 81) 22 22 98
E-Mail: touristinfo-brb.@t-online.de
www.brandenburgferien.de

BRANDENBURG AN DER HAVEL

Die mittelalterliche Seele der Mark

Vier mittelgroße Städte verlieren sich auf den 29.476 Quadratkilometern des Landes Brandenburg – Potsdam (128.000 Einwohner), Cottbus (108.000), Brandenburg (78.000) und Frankfurt (Oder) (71.000). Brandenburg steht damit in der Statistik an dritter Stelle. Ganz vorne rangiert die Havelstadt aber bei der Fläche, denn mit knapp 208 km^2 übertrifft sie allein die Landeshauptstadt um fast das Doppelte. Kein Wunder, denn zu Brandenburg zählen nicht nur die Innenstadt und die eingemeindeten Dörfer der Umgebung, sondern auch der gesamte Beetzsee wie auch der kleine Riewendsee. Dessen nördliches Ende liegt immerhin achtzehn Kilometer von der Brandenburger Innenstadt entfernt. Eine historische Kapriole!

Brandenburg an der Havel atmet wie kein anderer Ort die Geschichte der alten Mark Brandenburg. Potsdam ist fridericianisch, hohenzollerisch, Residenzstadt, ist – um es auf einen Nenner zu bringen – preußisch. Brandenburg entführt dagegen ins Mittelalter, bekräftigt bis heute seine Rolle als Geburtsort jenes Landes, dem es als Namenspatron dient.

Bevor wir uns den zahlreichen Baudenkmälern der Stadt widmen, blättern wir zunächst ein wenig im Buch der Geschichte. Nachdem durch die Völkerwanderung die Germanen nach Westen gedrängt worden waren, siedelte sich im Havelland rasch der Slawenstamm der Heveller an. Dessen Fürsten nutzten die Brandenburger Dominsel etwa ab dem 8. Jh. als befestigten Herrschaftsmittelpunkt. Dieser slawische Burgwall tauchte erstmals 928/29 als Brennaburg in einem schriftlichen Dokument auf. Ebenfalls im 10. Jh. erfolgte dann das Vorrücken der Deutschen in Richtung Osten. 948 gründete Otto I. das Bistum Brandenburg. Die mittelalterliche deutsche Ostkolonisation hatte begonnen –

sollte aber 983 mit einem heftigen Slawenaufstand schon wieder abrupt ihr vorläufiges Ende finden. Vorläufig, denn Mitte des 12. Jh.s gelang es dem Askanier Albrecht dem Bären endgültig, das Havelland seinem Einflussbereich einzugliedern. Die Mark Brandenburg war geboren mit der Stadt Brandenburg als Markgrafen- und Bischofssitz. Kaum 400 Jahre später bezeichnete Kurfürst Joachim I. Brandenburg noch immer als „Chur- und Hauptstadt"– ein Titel, der mit den Realitäten allerdings nur noch wenig gemeinsam hatte, denn Berlin war inzwischen zur ständigen Residenz der Hohenzollern aufgestiegen. Mit der Reformation ging auch das Bistum verloren. Seiner wichtigsten Funktionen beraubt, schließlich auch von Pest und 30-jährigem Krieg gebeutelt, konnte Brandenburg nie wieder an seine politisch bedeutenden mittelalterlichen Zeiten anknüpfen.
Lange bestand Brandenburg aus drei selbstständigen Gemeinwesen: Altstadt, Neustadt und Dominsel. Die beiden Erstgenannten wurde 1715 auf Geheiß König Friedrich Wilhelms I., des Soldatenkönigs, zu einer Stadt zwangsvereint. Die Dominsel blieb bis 1929 unabhängig. Dieser Dreiteilung ist es zu verdanken, dass Brandenburg so reich an Baudenkmälern ist – und dass der Beetzsee in seiner Gesamtheit ein „innerstädtisches" Gewässer bildet. Die Altstadt hatte den See im Mittelalter erworben und sich damit wichtige Fischereirechte gesichert. Große Bedeutung im Wirtschaftsleben kam seit jeher dem Handwerk zu, insbesondere der Herstellung und dem Handel mit Stoffen aller Art. Im Jahre 1800 waren fast 4.400 der 10.000 Einwohner mit der Produktion oder dem Vertrieb von Wolle, Tuchen, Kleidung und Leder beschäftigt. Noch war die Stadt kaum über ihre mittelalterliche Ausdehnung hinausgewachsen, das geschah erst im 19. Jh. Durch den Ausbau der Straßen und den Anschluss an das Eisenbahnnetz wurden die Grundlagen für die Entwicklung Brandenburgs zum größten Industriestandort der Provinz Brandenburg gelegt. Zahlreiche Unternehmen siedelten sich an, neue Vorstädte entstanden – die Einwohnerzahl stieg zunächst auf 79.000 (1939), dann bis fast 100.000 (1988). Der Zweite Weltkrieg hinterließ auch hier seine Spuren, wenngleich nicht ganz so verheerend wie in anderen deutschen Städten. Durch Luftangriffe am 31. März 1945 und Kampfhandlungen im April wurden 15 Prozent der Wohnungen zerstört. Ein-

Veranstaltungen in Brandenburg:
Mai Rolandfest am Altstädtischen Markt
Juni Havelfest in der Innenstadt
Sommermusik im Dom
Musik in den Stadtkirchen

Hauptstraße mit St. Katharinen-Kirche, Postkarte um 1930

Neustädtisches Rathaus um 1930

ADAC-Geschäftsstelle
Brandenburg a. d. Havel:
Ritterstraße 102
14770 Brandenburg

schließlich der späteren Demontage gingen über zwei Drittel der Industrieanlagen verloren. Nach dem Krieg erfolgte der groß angelegte Wiederaufbau der Industrie. Auch für die historische Innenstadt, die im Krieg nur wenige Schäden zu erleiden hatte, gab es immer mal wieder Pläne einer umfassenden modernistischen Umgestaltung – Pläne, die gottlob nicht umgesetzt wurden. Stattdessen ging man nach 1989 an die behutsame Sanierung der wertvollen Bausubstanz. So ist Brandenburg an der Havel heute die einzige große Stadt in der Mark mit weitgehend erhaltenem mittelalterlichen Grundriss. Noch immer liegt ein langer Weg vor den Stadtvätern, die Wiederherstellung ihres historischen Juwels zum Abschluss zu bringen; Zeit und Geld sind auch weiterhin vonnöten. Das sich die bereits getätigten Investitionen für das Stadtbild aber rechnen, ist unzweifelhaft für jeden ersichtlich. Brandenburg wird von Jahr zu Jahr ansehnlicher und lebendiger – eine wahre städtebauliche Perle im Spiegelbild der Havel.

Die historische Dreiteilung in Altstadt, Neustadt und Dominsel ist bei einem Blick auf den Stadtplan auch heute noch unverkennbar. Dem wollen wir in unserer Betrachtung der Sehenswürdigkeiten ebenfalls Rechnung tragen. Beginnen wir mit der Neustadt, dem gewachsenen Zentrum Brandenburgs.

DIE NEUSTADT

In der Steinstraße

Im Grunde genommen ist auch dieses Stadtviertel eine Insel, umflossen von der Brandenburger Niederhavel und dem Stadtkanal. Der Stadtkanal ist – wie der Name bereits andeutet – eine künstlich angelegte Wasserstraße, die in Verbindung mit der Stadtbefestigung einst Schutzzwecke erfüllte. Erstmals erwähnt wurde die etwas oberhalb des linken Havelufers gelegene Neustadt im Jahre 1196. Sie gilt als die älteste Stadtgründung der Markgrafen östlich der Elbe. Schnell nahm sie eine Vorrangstellung innerhalb der drei Brandenburger Kommunen ein, eine Stellung, die die Neustadt bis in unsere Zeit halten sollte. Sie ist das eigentliche Stadtzentrum mit der Haupt- (heute Fußgängerzone) und der Steinstraße. Beide Lebensadern stützen mit ihren zahlreichen Geschäften die Funktion Brandenburgs als eines von vier Oberzentren im Land. Der südöstliche Teil der Neustadt hat, bedingt durch Kriegsschäden, nach 1945 sein mittelalterliches Straßenmuster weitgehend eingebüßt. Auch das Neustädtische Rathaus (Abb. S. 64), ein großartiger Renaissancebau am Markt gegenüber der Einmündung der Steinstraße, wurde zerstört – sicher einer der größten Gebäudeverluste, die Brandenburg zu beklagen hatte. Die Wiederherstellung des Neustädtischen Marktes als urbaner Raum im mittelalterlichen Stadtgrundriss konnte noch nicht abgeschlossen werden. Auch wird es zukünftig darum gehen, die nördliche Neustadt mehr in die Planung einzubeziehen, schließlich stellt sie die Verbindung zur Dominsel her. Dort, kurz vor der Mühlendammbrücke, steht rechter Hand der 1411 erbaute *Mühlentorturm*, einer der Überreste der im 14. und 15. Jh. umfassend verstärkten Stadtbefestigung.

Ev. Kirchengemeinde
St. Katharinen
Katharinenkirchplatz 2
14776 Brandenburg/Havel
Fon (033 81) 52 11 62
Öffnungszeiten St. Katharinen:
täglich 10.00 – 12.00,
13.00 – 16.00 Uhr

Räumlicher, sakraler und optischer Mittelpunkt der Neustadt ist die *Pfarrkirche St. Katharinen* auf dem *Katharinenkirchplatz*. Die außen wie innen in einen reichen Formenschatz gehüllte Backstein-Hallenkirche ist ein Werk vieler Baumeister und Stilrichtungen. Herausragenden Anteil am Bau von St. Katharinen aber hatte der Architekt Hinrich Brunsberg (zu Brunsberg ↗ Gartz (Oder) in Bd. Die Uckermark). Mit diesem Gotteshaus schuf Brunsberg sein bedeutendstes Werk. Allerdings ist bis heute nicht vollends geklärt, wann mit der Realisierung der größten

St. Katharinen

St. Katharinen Detail

Brandenburger Kirche begonnen wurde. Man geht aber davon aus, dass die Hauptarbeiten in den Jahren 1395–1401 stattfanden, die Fertigstellung sich dagegen aber noch bis zum Ende des Jahrhunderts hinzog.

Spannungsreich steht das mächtige steile Giebeldach im Verhältnis zu den mit Figurenschmuck und Maßwerk aufgewerteten Außenmauern. Als Maßwerk bezeichnet man gotisch-geometrische Ornamentik, rosettenförmig oder als Kreissegmente – in der Spätgotik auch asymmetrisch. Es ist ein überaus dekoratives und erfolgreich eingesetztes Mittel der Architektur und zählt in Kombination mit Spitzbögen zu den hervorstechendsten Merkmalen des gotischen Baustils. Hier bei St. Katharinen finden wir an beiden Seiten des Langhauses zwei reich mit Maßwerk gegliederte filigrane Kapellengiebel, die über die Dachtraufe hinausragen.

Bar jeder Gotik ist dagegen der obere Turmabschluss. 1582 nach einem Sturm in sich zusammengestürzt, wurden der Turm und der sich südlich anschließende Giebel im Zeitgeschmack der Renaissance wieder hergestellt.

Die Raumwirkung im Innern wird von achteckigen Stützpfeilern in Ziegelbauweise bestimmt, die im etwa 17 Meter hohen Gewölbe ihre würdige Fortsetzung finden. Im Wettstreit um die größere Aufmerksamkeit stehen der gotische *Hochaltar* von 1474 und die prächtige *Barockorgel* von Joachim Wagner (↗ Dom). Schön auch die *Kanzel* mit ihrem Schalldeckel (1668) und die in Messing gegossene gotische *Taufe* von 1440. Der Gesamteindruck von St. Katharinen wird zudem wesentlich geprägt von etlichen *Epitaphen* aus mehreren Jahrhunderten.

Architektur und Ausstattung sind deutliches Zeichen des einstigen Wohlstands der Brandenburger Neustadt. Nicht zu Unrecht zählt das Gotteshaus zu den bedeutendsten Sakralbauwerken der norddeutschen Backsteingotik.

Der Steintorturm am Stadtkanal

Sowjetischer Ehrenfriedhof

Kurstraße und Steinstraße führen aus dem Zentrum zum *Steintorturm* am südwestlichen Rand der Neustadt. Er ist, als einer von vier in der gesamten Stadt gut erhaltenen Türmen und neben mehreren Mauerresten, Überbleibsel der mittelalterlichen Stadtbefestigung. Im 15. Jh. errichtet, danach immer mal wieder erneuert, beherbergen die wehrhaften Gemäuer eine Ausstellung zur Geschichte der Brandenburger Schifffahrt. Vom Wehrgang, der den gemauerten Kegel umgibt, hat man einen hervorragenden Blick über die Dächer der Stadt und die nähere Umgebung mit der *Stadtschleuse* und dem sowjetischen *Ehrenfriedhof* (1945).

Museum im Steintorturm
Steinstraße
14776 Brandenburg/Havel
Fon (033 81) 20 02 65
Öffnungszeiten:
Di – Fr 9.00 – 17.00 Uhr
Sa u. So 10.00 – 17.00 Uhr

Wenn man vom Steintorturm nach Osten die *Sankt-Annen-Promenade* entlanggeht – ein grün angelegter Fußweg zwischen Stadtmauer und Stadtkanal – kommt man zunächst zur katholischen *Dreifaltigkeitskirche*. Der Saalbau von 1849–51 wurde im Zweiten Weltkrieg bis auf die Umfassungsmauern zerstört und muss seither ohne Turm auskommen. Beim Wiederaufbau 1947–49 wählte man schlichtere Formen.

Stadtschleuse Brandenburg
(Sportbootschleuse)
Betriebszeit:
1. April bis 30. Sept.
Mo – Sa 7.00 – 19.00 Uhr
So u. feiertags 7.00 – 20.00 Uhr

Ein Stückchen weiter dominiert die ab dem 13. Jh. in Ziegelbauweise errichtete Ruine des *Dominikanerklosters St. Pauli* ein ganzes Stadtviertel. Weil die umliegenden Häuser 1945 verwüstet wurden, zeichnet die jetzt frei stehende Anlage ein recht imposantes Bild in die Brandenburger Stadtsilhouette. Kirche und Klostergebäude erlitten damals ihrerseits schwere Schäden, deren Beseitigung erst langfristig zu erwarten ist. Die Anlage setzt sich zusammen aus der dreischiffigen Klosterkirche, drei südlich um einen Innenhof gruppierten Klausurgebäuden samt Kreuzgang und einer Marienkapelle im Westen. Mit der Reformation wurde St. Pauli ab 1560 zweite Pfarrkirche der Neustadt, später auch Garnisonskirche. Die Klausur war Hospital und Armenhaus, dann bis zur Zerstörung 1945 Altenheim. Seit 1991 ist man bemüht, St. Pauli vor weiterem Verfall zu schüt-

St. Pauli Kloster

zen und den Wiederaufbau zu forcieren. Die Nutzung als Ort der Kultur mit Theater und Konzerten hat der historischen Anlage in den vergangenen Jahren bereits neues Leben eingehaucht. In einiger Zeit soll hier – nach umfassenden Baumaßnahmen – das brandenburgische Landesmuseum für Ur- und Frühgeschichte Einzug halten.

Am Steintorturm, jenseits des Stadtkanals beginnt die Jacobstraße. Ihre Bezeichnung geht auf das Jakobshospital zurück, das man 1898 abriss. Übrig blieb allein die *Jakobskapelle* an der Jakobsbrücke, die über den Jakobsgraben führt. Der an eine märkische Dorfkirche erinnernde gotische Backsteinbau heißt im Volksmund „die verrückte Kapelle“ – nicht etwa, wegen geistiger Schwächen der einstigen Hospitalinsassen, sondern weil das Kirchlein im Zuge einer 1892 durchgeführten Straßenverbreiterung um elf Meter nach Westen versetzt wurde.

Theater Brandenburg

Brandenburger Theater
Grabenstraße 14
14776 Brandenburg/Havel
Vorverkauf
Fon (033 81) 51 11 11
Öffnungszeiten:
Mo–Fr 10.00–19.00 Uhr
Sa 10.00–14.00 Uhr
E-Mail: besucherservice@brandenburgtheater.de

Im Westen der Neustadt, ausgehend vom sowjetischen Ehrenfriedhof am Steintorturm zieht sich der so genannte *Pumpergraben* durch den Park der *Grabenpromenade* nach Norden. Der kleine Kanal war Teil der Brandenburger Wehranlage und der Stadtmauer vorgelagert. In Gemeinschaft mit dem *Humboldthain* und der *Wallpromenade* in der Altstadt sowie der *St.-Annen-Promenade* am Stadtkanal bildet die Grabenpromenade eine langgestreckte Grünzone, die im Halbkreis um das historische Zentrum Brandenburgs herumführt. Westlich vom Pumpergraben markiert das im Jahre 2000 eröffnete *Theater* städtebaulich wie kulturell einen Neubeginn. Es steht in der Tradition der ersten Brandenburger Spielstätte, die schon 1817 ihren Betrieb aufnahm. Das breit gefächerte Programm reicht von Oper und Operette bis Schauspiel und Puppentheater. Das Haus ist Heimatbühne der Brandenburger Symphoniker und lädt darüber hinaus immer wieder auswärtige Künstler zu Gastspielen ein.

Das Bild der *Grabenstraße*, an deren südlichem Ende das Theater beheimatet ist, wird vor allem von mehrgeschossigen Wohnhäusern der Gründerzeit bestimmt. Die Fassaden sind zum Pumpergraben und damit zur Grabenpromenade ausgerichtet. Ein Gebäude sticht besonders hervor: der *Lohmühlenspeicher*. 1784 erbaut, 1838 verändert, ist das dreistöckige Fachwerkhaus eine Erinnerung an jene Zeit, als Brandenburg ein wichtiger Ort der

Grabenstraße

Lederproduktion war. Die Lohgerberei war, neben der chemischen Weißgerberei, eine natürliche Gerbung auf pflanzlicher Basis, bei der Baumrinden benutzt wurden.
Folgt man von der Gerberstraße kommend der Gerbergasse, stößt man auf das Heinrich-Heine-Ufer und damit zur Havel und den dortigen Anlegern rund um die *Jahrtausendbrücke*. Drei Reedereien legen hier ab zu den verschiedensten Rundfahrten durch die Stadt und die Seenplatte der Umgebung.
Eine feste Verbindung zwischen Alt- und Neustadt gibt es an dieser Stelle bereits seit dem 13. Jh. Bis 1929 hieß das Bauwerk Lange Brücke. Dann erfolgte aus Anlass der Tausendjahrfeier Brandenburgs die Umbenennung in Jahrtausendbrücke. Nach ihrer Sprengung im Zweiten Weltkrieg wurde der für Brandenburg so wichtige Übergang 1947 wieder hergestellt und dieser bereits 1995/96 durch einen modernen Neubau ersetzt.
An der Jahrtausendbrücke endet die neustädtische Hauptstraße und geht jenseits der Havel in die altstädtische Ritterstraße über.

Weiße Flotte Brandenburg
Göttiner Landstraße 37
14776 Brandenburg a. d. H.
Fon/Fax (033 81) 66 19 00

Reederei M. & A. Röding
Neuendorfer Straße 46
14770 Brandenburg a. d. H.
Fon (033 81) 52 23 31
0173-870 97 08

Reederei Bischof
Neuendorfer Straße 70
14770 Brandenburg a. d. H.
Fon (033 81) 22 69 60
u. -45 40 19
0172-311 78 68

Jahrtausendbrücke

Kirchenruine St. Johannis

DIE ALTSTADT

Die Brandenburger Altstadt, zwischen Havel und Marienberg gelegen, ist deutlich kleiner als die Neustadt und im Gegensatz zu ihr auch nicht planmäßig angeordnet. Die Altstadt ging aus mehreren Siedlungskernen hervor, darunter eine Niederlassung der Kaufleute mit Namen Parduin, der zeitweilig als Synonym für die Altstadt verwendet wurde. Herzstücke des Viertels sind der weltliche Altstädtische Markt mit dem Rathaus und der Gotthardtkirchplatz mit St. Gotthardt als Glaubenszentrum. Wer von der Jahrtausendbrücke kommend seinen Fuß auf Altstädter Boden setzt, trifft aber zunächst auf die mittelalterliche Franziskanerkirche St. Johannis, die Taufkirche von Theodor Hosemann. Malerisch strecken sich ihr einschiffiges Langhaus und der seitlich angefügte Turm am rechten Ufer der Havel aus dem Humboldthain empor – das Blau des Flusses bildet hier am südöstlichen Eingang zur Altstadt mit dem Grün des Parks und dem dunkelroten Ziegelmauerwerk einen reizvollen Kontrast. St. Johannis ist noch immer ein Mahnmal für den Zweiten Weltkrieg, denn wie St. Pauli in der Neustadt ist auch diese ehemalige Klosterkirche 1945 schwer beschädigt worden. Die Brandenburger können sich trotzdem glücklich schätzen, das Kleinod – wenn auch unvollständig – heute noch vor Augen zu haben, denn St. Johannis war bis zur politischen Wende 1989 mehrmals dem Untergang geweiht. Glücklicherweise wurden die gehegten Abrisspläne nie Realität. Anders erging es dem im 13. Jh. gegründeten Franziskanerkloster, das sich südlich anschloss. Dessen Bauten legte man bereits im 19. Jh. nieder.

Theodor Hosemann – ein Künstler in unruhiger Zeit

Geboren wurde Theodor Hosemann 1807 in Brandenburg an der Havel als Sohn einer pfälzisch-märkischen Ehe. Die Kindheit gestaltete sich schwierig, denn der Vater war Offizier, was damals zur Zeit der Kriege um die Befreiung von Napoleon ein unruhiges Wanderleben bedeutete. Schon 1819 ging der zwölfjährige Theodor bei einer Düsseldorfer lithografischen Anstalt in die Lehre. Einer der Firmeninhaber siedelte 1828 nach Berlin über und nahm seinen Schützling mit.

So kam Hosemann in die preußische Hauptstadt, wo er für den Rest seines Lebens grafisch tätig sein sollte. Die Ölmalerei hielt – nach Jahren des Zeichnens und Illustrierens – erst gegen Ende der 1830er-Jahre in sein Schaffen Einzug. Zuvor hatte er Veranstaltungsprogramme und Ankündigungen verschiedenster Art gestaltet ... bekannt wurde Hosemann aber mit seinen zahlreichen Buch- und Zeitschriften-Illustrationen, die große Mehrheit davon für Kinder- und Jugendliche. Vielleicht war es auch der eigene Kinderreichtum, dem er diese besondere Vorliebe verdankte, wenngleich von seinen sechs Sprösslingen aus zwei Ehen nur ein Sohn ihn selbst überlebte. Hosemanns Werk schwankt zwischen der Romantik des Biedermeiers, der sanften Ironie eines Spitzwegs einerseits und der politischen Unsicherheit von Revolution und Kaiserreich andererseits.

Immer wieder aber ist es der Berliner Humor, der aus seinen Werken sprudelt. Heinrich Zille, der berühmteste unter Hosemanns Schülern, hat diese Gabe wenig später noch vervollkommnet. 1857 ernannte man Hosemann zum Professor, drei Jahre später wurde er in die Akademie der Künste aufgenommen. Er starb 1875 in Berlin.

Hosemann-Zeichnung von 1847

Wenn man von der Jahrtausendbrücke aus der Ritterstraße folgt, passiert man das *„Frey-Haus“*, ein gefälliges barockes Bürgerhaus, das 1723 von einem preußischen Oberst errichtet wurde. Den Namen Frey-Haus erhielt der Bau 1751 von Friedrich dem Großen, der die Bewohner von allen bürgerlichen Steuern und Abgaben befreite. Von der Ritterstraße aus nicht zu erahnen ist ein dreigeteiltes Fachwerkensemble, das malerisch einen Hof umschließt. Das in dem Gebäudekomplex befindliche *„Museum im Frey-Haus“* gehört zu den größten Regionalmuseen im Land Brandenburg und gewährt umfassende Einblicke in die Geschichte der Stadt Brandenburg – von der frühesten Besiedlung durch den Menschen bis zu den jüngsten Ereignissen.

Museum im Frey-Haus
Ritterstraße 96
14770 Brandenburg/Havel
Fon (033 81) 52 20 48
Öffnungszeiten:
Di–Fr 9.00–17.00 Uhr
Sa u. So 10.00–17.00 Uhr

Blechspielzeug Bronko

Nicht nur bei Kindern, sondern auch bei jung gebliebenen Erwachsenen weckt die historische Spielzeug-Ausstellung große Begeisterung. Brandenburg war bis 1990 bekannt für seine Spielwarenindustrie, die vor allem Metallautos, Blech- und Lineolfiguren produzierte. Heute obliegt es dem Museum, die Erinnerung an diese Erfolgsgeschichte wach zu halten. Gern führt man den Besuchern auch einige der drolligen Gestalten vor.

Blickt man vom nördlichen Ende der Ritterstraße nach Westen, sieht man einen von zwei erhaltenen altstädtischen Wehrtürmen, den *Plauer Torturm*. Er geht wahrscheinlich auf das 15. Jh. zurück, wurde aber erst in den 1920er-Jahren mit Zinnenschmuck und Kegel aufgewertet. Die Altstadt besaß einen Mauerring, der sowohl mit Wehrgang als auch mit Wiekhäusern ausgestattet war. Wie die neustädtische Mauer ist die altstädtische samt ihrer Tore im 19. Jh. größtenteils abgerissen worden. So beispielsweise geschehen 1885 zwischen Plauer und Rathenower Torturm, wo heute die Wallstraße verläuft. Westlich davon verbindet die parkartige *Wallpromenade* fußgängerfreundlich die beiden Türme. Die Promenade war im Mittelalter wichtiger Bestandteil der altstädtischen Stadtbefestigung, denn sie sicherte zusätzlich zur Mauer mit zwei Gräben und einem dazwischen verlaufenden Wall die offene Flanke zum Marienberg.

Plauer Torturm

Am nördlichen Ende des lang gezogenen Parks stößt man auf den nahezu quadratischen *Rathenower Torturm*, vermutlich ein Werk des ausgehenden 14. Jh.s. Schön ist sein mit Blenden und Friesen ornamentiertes Mauerwerk.

Wenden wir uns nun dem *Gotthardtkirchplatz* zu. Das Karree mit der altstädtischen *Pfarrkirche St. Gotthard* im Zentrum gehört zu den ältesten Siedlungskernen in der gesamten Stadt Brandenburg. Schon zur Zeit des letzten – zum christlichen Glauben konvertierten – Slawenfürsten Pribislaw in der ersten Hälfte des 12. Jh.s gab es hier eine Kirche. Als 1147 ein Prämonstratenserkloster gebaut wurde, war St. Gotthardt kurze Zeit sogar Hauptkirche des Bistums Brandenburg – bis man die Abtei 1165 auf die Dominsel verlegte. Wie das Gebäude damals aussah, ist nicht überliefert, denn St. Gotthardt kam vornehmlich im 15. Jh. zu ihrem heutigen gotischen Erscheinungsbild. Aus dem 12. Jh. stammt nur der romanische westliche Turmunterbau aus Feldsteinen – er ist das älteste Bauwerk in der Stadt. Etwa zwanzig Jahre, von 1456 bis 1475, hat man für den Umbau zu einer dreischiffigen Hallenkirche benötigt und hinkte damit den Neustädtern und ihrer Katharinenkirche einige Jahrzehnte hinterher. St. Gotthardt blieb von äußeren baulichen Veränderungen weitgehend verschont und bietet ein nahezu geschlossen mittelalterliches Bild. Nur der Turm von 1767 ist ein größeres jüngeres De-

Rathenower Torturm

tail. Im Innern setzt sich der weitgehend einheitliche Stil fort, jetzt aber neuzeitlich – und protestantisch – aus dem 16. und frühen 17. Jh. Gestützt auf runde Ziegelpfeiler überwölben Kreuzrippengewölbe die drei Schiffe. Wesentliche Ausstattungsstücke sind der *Hochaltar* mit der Darstellung des Abendmahls, *Kanzel* und Schalldeckel, die spätromanische *Bronzetaufe* aus dem 13. Jh. mit darüber hängendem Baldachin von 1621 und die *Orgel*. Leider hat ein Orgelbrand 1972 das prächtige Stück mitsamt dem barocken Prospekt weitgehend vernichtet. Daher ist die Orgel von St.-Gotthardt ein recht junges Instrument aus den 1980er-Jahren. Von großem kulturhistorischen Wert sind die vielen reich verzierten *Epitaphe*, die sich im Kirchenschiff verteilen. Etliche davon sind früheren Altstädter Bürgermeistern gewidmet, einige besonders schöne Exemplare erinnern an ehemalige Pfarrer von St. Gotthardt.

St. Gotthardt

Verglichen mit dem neustädtischen Katharinenkirchplatz mutet die Bebauung am altstädtischen Gotthardtkirchplatz geradezu kleinstädtisch an. Auffälligstes Haus am Platz ist die *ehemalige Lateinschule*, ein Fachwerkgebäude von 1552. Seit 1997 beherbergt die historische Immobilie die Kinder- und Jugend-Kunst-Galerie Sonnensegel.

Wahrzeichen von Brandenburg an der Havel ist das *Rathaus* auf dem *Altstädter Markt*. Durch die zwangsweise Zusammenlegung der beiden selbstständigen Kommunen 1715, ging die Verwaltungsfunktion schon frühzeitig an das Neustädter Rathaus verloren. Seither diente das Gebäude unter anderem als Wache und Arrestanstalt, Fabrik, Kornspeicher und Gericht – oder es stand leer. Zu Beginn des 20. Jh.s erkannte man seinen historischen Wert, sanierte es und nutzte es danach als städtisches Festhaus. Die Besichtigung des Rathauses von Innen ist gegenwärtig nicht möglich, auch der Ratskeller ist zurzeit leider geschlossen.

St. Gotthardt
Ev. Gemeindebüro
Gotthardtkirchplatz 8
14770 Brandenburg/Havel
Fon (033 81) 52 20 62
Öffnungszeiten St. Gotthardt:
täglich 10.00–17.00 Uhr
im Winter verkürzt
Gottesdienst: So 10.00 Uhr

Das Altstädter Rathaus

Das *Altstädter Rathaus* ist einer der bedeutendsten Rathausbauten des Landes Brandenburg. Die verschiedenen Nutzungen machten zwar immer wieder Umbauten nötig, im Großen und Ganzen aber wird das ehemalige Verwaltungsgebäude vom gotischen Stil des 15. Jh.s geprägt. Im wahrsten Sinne des Wortes herausragend ist der Rathausturm, dessen Aufsatz 1820 neogotisch angepasst wurde und eine barocke Haube von ihrem Platz verdrängte. Im Zuge der gründlichen Erneuerung 1911–12 wurde die gotische Fassade restauriert und ergänzt, sodass eine exakte Altersbestimmung aller Gestaltungsdetails ohne alte Pläne oder Fotos gar nicht mehr möglich ist.

Roland am Altstädter Rathaus

Rechts vor der Rathausfront steht der sechs Meter hohe Brandenburger *Roland*, eine Sandsteinstatue von 1474. Rolandsfiguren oder -säulen sind steinerne Zeugen des ausgehenden Mittelalters und der beginnenden Neuzeit (14.–18. Jh.). Sie schmücken im Norden Deutschlands etliche Innenstadtplätze, dabei ist aber nicht eindeutig geklärt, welche Bedeutung den Figuren zuzumessen ist. Ein historisches Sinnbild sind sie aber mit Sicherheit, sei es für die Gewährung von Marktrechten oder die eigene Gerichtsbarkeit. Der Brandenburger Roland bewachte bis zu seinem Abbau 1941 den Neustädtischen Markt. 1946 verlegte man seinen Standort hierher in die Altstadt.

Im Westen der Altstadt schwingt sich der *Marienberg* zur beachtlichen Höhe von 68 Metern üNN auf. Eine Landmarke auf dem Hügel ist die *Friedenswarte*, ein Aussichtsturm von 32,5 Metern Höhe, 1974 eingeweiht (die DDR wurde 25!). Am Südhang führen Wege durch gepflegte *Gartenanlagen* zur Warte hinauf. Der Marienberg hat im Laufe seiner Geschichte einen häufigen Bedeutungswandel durchgemacht. Während der Slawenherrschaft war er ein heiliger Ort, an dem man dem dreiköpfigen Gott Triglaw huldigte, dem Gebieter über Himmel, Erde und das Totenreich. Wohl schon unter dem christlichen Slawenfürsten Pribislaw wurde die Kultstätte aufgelöst. Später stand hier die Marienkirche, ein mächtiges romanisches Wallfahrtsbauwerk mit vier hoch aufragenden Türmen, dessen Baufälligkeit 1722/23 im Abriss mündete. Um die Jahrhundertwende zum 20. Jh. wurde am Marienberg ein Park mit Ausflugsgaststätte und Bismarckturm angelegt. Die *Gaststätte* (1907) hat nach aufwändiger Sanierung wieder geöffnet und ist ein beispielhaftes Zeugnis für die „Freizeitarchitektur" der späten Kaiserzeit. Der Bismarckturm von 1908 ist 1973 gesprengt worden. An seiner Stelle steht heute die Friedenswarte. Im Norden des weitläufigen Areals erinnert eine *Gedenkstätte* (1975) an die in den 1940er-Jahren im Zuchthaus von Brandenburg-Görden hingerichteten politischen Gefangenen. Der terrassenartig angelegte *Kultur- und Erholungspark Marienberg* vermischt Gartengestaltungsprinzipien der Gründerzeit mit denen der 70er-Jahre (DDR-Zeit) und der Gegenwart. Der Edelstahl-Tubus der Friedenswarte ist zudem in Verlängerung der Sichtachse zur Ritter- und Hauptstraße Orientierungspunkt oberhalb des mittelalterlichen Häusergewirrs – und modernistische Aussichtsbastei, der das Panorama der ganzen Stadt zu Füßen liegt.

Friedenswarte

Friedenswarte auf dem Marienberg
Öffnungszeiten:
April bis Okt.
Di–So 10.00–17.00 Uhr

Zum Schluss des Altstadt-Kapitels noch zwei Anlaufpunkte für Brandenburg-Besucher. Südwestlich vom Plauer Torturm, jenseits des Nicolaiplatzes setzt die *Nikolaikirche* einen weiteren historischen Akzent. Das wegen seiner Rundbogenfenster erkennbar romanische Haus geht auf das 13. Jh. zurück und war früher Pfarrkirche von Luckenberg, einem der altstädtischen Siedlungskerne. Wiederholte Baufälligkeit – vom Mittelalter bis zur jüngeren Vergangenheit – zog nie den Abbruch, sondern stets die Rettung des Gotteshauses nach sich. So in den 1950er-Jahren, als man den Westbau von St. Nikolai kriegsbedingt erneuerte und letztmalig in den Neunzigern. Seither wird hier katholisch gebetet und gesungen. Der so genannte Puschkinpark hüllt den denkmalgeschützten Backsteinbau in ein grünes Gewand; bis 1882 war das Gelände Friedhof.

Marienbad Brandenburg/Havel
Sprengelstraße 1
14770 Brandenburg a. d. Havel
Fon (033 81) 32 27 80
Fax -322 78 11
E-Mail: news@marienbad-brandenburg.de
www.marienbad-brandenburg.de
Öffnungszeiten:
Mo 10.00–21.30 Uhr
Di–Fr 9.00–21.30 Uhr
Sa, So u. feiertags 9.00–20.00 Uhr,
Frühschwimmer Di–Fr 7.00–9.00 Uhr

Westlich am Fuße des Marienberges öffnete im März 2000 das *Marienbad*. Es erfreut seither die Brandenburger und deren Besucher mit einem Spaßbad und einer 25-Meter-Bahn drinnen sowie einer 50-Meter-Bahn draußen, dazu gehört außerdem der Saunabereich mit mehreren „Schwitzkästen".

Brandenburger Dom

DIE DOMINSEL

Die Dominsel ist der älteste Siedlungsbereich Brandenburgs, zugleich der kleinste der drei hier vorgestellten Stadtteile. Mit der Übernahme der Dominsel durch die Markgrafen im 12. Jh. wurde das Eiland einerseits politisches Zentrum der Mark Brandenburg, andererseits als Standort des Bischofs von Brandenburg Mittelpunkt des gleichnamigen Bistums. Die markgräfliche Burg ist von der Bildfläche verschwunden, nicht so der *Dom St. Peter und Paul* als Zeichen historischer Kontinuität. Einen Bischof freilich sucht man hier vergebens. Mit der Reformation ging das katholische Kapitel der Dominsel im 16. Jh. zu Ende. Als evangelisches Stift blieben die Bauten aber in kirchlichen Händen. Der Dom ist heute Pfarrkirche der kleinen Inselgemeinde, in den umliegenden Klausurgebäuden sind das Dommuseum, ein Archiv samt Bibliothek und verschiedene Institutionen der Evangelischen Kirche in Berlin-Brandenburg untergebracht.

Mehrere Bauepochen spiegeln sich im Brandenburger Dom wieder. Am augenfälligsten ist die stilistische Verbindung von Romanik und Gotik, eine Verbindung, die bei den nahezu rein gotischen Kirchen St. Gotthardt und St. Katharinen nicht gegeben ist. Das muss nicht weiter überraschen, schließlich erfolgte die Grundsteinlegung auf der Dominsel bereits im Jahre 1165. Allerdings erschließt sich der romanische Ursprung so gut wie gar nicht beim Blick auf die Außenmauern, weil gotische Anbauten und Veränderungen diesen ab dem 14. Jh. überlagert haben. Ohnehin ist an St. Peter und Paul und den Klausurgebäuden unablässig gebaut worden, zum einen, weil die Bischöfe Erweiterungen und Verschönerungen vornahmen, zum anderen, weil der instabile Inseluntergrund bis in die heutige Zeit immer wieder Probleme bereitet. Die letzten großen Umbauten fanden im 19. Jh. statt. Deutliches Zeichen jener Zeit ist der obere Teil des achteckigen Turms, dessen eigenwilliger neogotischer, an einen überdimensionierten Bergfried erinnernder Zuschnitt nicht so recht zum Rest der Kirche passen will.

Dommuseum und Dom
Burghof 9
14776 Brandenburg/Havel
Fon (033 81) 20 03 25
Öffnungszeiten:
Mo–Fr 10.00–16.00 Uhr
Sa 10.00–17.00 Uhr
Sa/So 11.00–18.00 Uhr
Ende Mai bis Ende Sept.
Mi nur 10.00–12.00 Uhr
Gottesdienst: So 10.00 Uhr

Brandenburger Dom

Der Brandenburger Dom ist eine in Ziegelbauweise ausgeführte dreischiffige Kirche in der Form eines Kreuzes. Die äußere Form stellt sich verhältnismäßig schlicht dar. Aufwändig gehalten sind der – eigentlich für eine Doppelturmanlage angelegte – Westbau und der Giebel des nördlichen Querschiffs. Von eigenwilligem Reiz ist das Innere, das durch den Einbau einer Krypta im 13. Jh. mehrere Ebenen erhielt. Massivität vermitteln die Seitenmauern des Mittelschiffs, die über romanisch-runden Bögen auf quadratischen Säulen ruhen. Wie bei den meisten märkischen Stadtkirchen überwölben auch in St. Peter und Paul Kreuzrippen den Raum. Die Ausstattung von Dom und Dommuseum ist überaus wertvoll. Mehrere Altäre schmücken das lichte Innere des Doms. In besonderer Pracht zeigt sich der *Böhmische Altar* aus dem 14. Jh., er wird zurzeit restauriert. Fast 150 Jahre jünger ist der *Lehniner Altar* in der östlichen Apsis. Bis zur Säkularisation des Klosters Lehnin schmückte er die dortige Klosterkirche. Westlich vor der Krypta zeigt ein weiterer Altar biblische Motive, geschaffen im 15. Jh. Er befand sich seit 1648 in der nahen St.-Petri-Kirche und nahm 1979 wieder seinen angestammten Platz ein. Ein Meisterwerk der Schnitzkunst ist die *Kanzel* von 1691. Auf dem Schalldeckel hat Petrus von höchster Stelle aus das Geschehen im Blick. Sähe er nach rechts, könnte er sich an der *Orgel* erfreuen, einem barocken Werk aus den Jahren 1723–25. Joachim Wagner, der erfolgreichste preußische Orgelbauer des 18. Jh.s, hat sich mit diesem Instrument ein Denkmal gesetzt (↗ Angermünde und Wartin in Bd. Die Uckermark sowie Gransee und Wusterhausen in Bd. Das Ruppiner Land). Bei Konzerten kommt das klangvolle Instrument zum Einsatz.

Kirchenschiff nach Osten

Ein paar Stufen führen durch zwei romanische Bögen zur 1220 bis 1230 eingefügten *Krypta* hinab. Bemerkenswert sind etliche steinerne *Säulenkapitelle* mit verschiedenen kunstvoll herausgearbeiteten, zum Teil fabelwesenartigen Motiven. Ein weiterer Raum befindet sich östlich des nördlichen Querhauses, die so genannte *Bunte Kapelle*. Bunt deshalb, weil Wände und Gewölbedecken noch original mit mittelalterlichen Motiven farbig ausgemalt sind.

Säulenkapitelle in der Krypta

Vom nördlichen Querhaus zweigt im Erdgeschoss ein sehr gut erhaltener *Kreuzgang* ab. Er ist das Kernstück der ehemals aus drei Flügeln bestehenden Prämonstratenser-Domklausur. Über dem Kreuzgang – und im sich daran anschließenden Ostflügel der Domklausur – befindet sich das Dommuseum. Im Westen steht der 1869–70 errichtete neogotische Neubau der 1705 gegründeten *Ritterakademie*, wo der preußische Nachwuchs auf den Staatsdienst vorbereitet wurde. Dom, zwei Flügel der Klausur mit Kreuzgang und die Ritterakademie umschließen den beinahe quadratischen *Lichthof*. Die Restaurierung der gesamten Anlage schreitet langsam aber stetig voran. Besonders schön abzulesen am Kreuzgang, der genaue Blicke auf die Bau- und Steinmetzkunst vergangener Jahrhunderte ermöglicht. Ein Muss ist das *Dommuseum*, das zu den bedeutendsten mittelalterlichen Museen Norddeutschlands gehört. Die umfangreiche Sammlung u. a. von historischen Sakralgewändern, klerikalen Utensilien, Gemälden, Büchern und Dokumenten lenkt die Aufmerksamkeit auf die reiche Kirchengeschichte von Mark und Stadt Brandenburg. Besonders hervorzuheben ist die Gründungsurkunde des Bistums Brandenburg von 948 sowie die aus dem 13. Jh. stammenden schriftlichen Ersterwähnungen von Cölln und Berlin, die später zur gemeinsamen Stadt Berlin vereint wurden. Neben der ständigen Ausstellung veranstaltet das Dommuseum etwa drei Sonderexpositionen im Jahr. Wegen der Vielzahl an Ausstattungsstücken und der überaus interessanten Geschichte des Brandenburger Doms und der bischöflichen Bauten empfiehlt es sich, an einer Führung teilzunehmen.

Tritt man aus dem Dom hinaus, steht man auf dem *Burghof*, der von einigen historischen Gebäuden aus mehreren Jahrhunderten umgeben ist. Ein reizvoller Kontrast zur neogotischen Front der ehemaligen *Ritterakademie* bietet sich dem Betrachter mit dem *barocken Wohnhaus* von 1714/15 gegenüber. Südlich dem Dombereich vorgelagert, an zentraler Stelle der Dominsel steht die *St.-Petri-Kirche*. Der Vorgängerbau war höchstwahrscheinlich eine Burgkapelle und Grabstätte des letzten Slawenfürsten Pribislaw. St. Petri stammt aus dem 13. Jh. und besitzt einen reich gegliederten Ostgiebel. In der ersten Hälfte des 16. Jh.s kam es im Innern zu umfassenden Bauarbeiten, an deren Ende das Haus zweischiffig war, überwölbt von einem markanten Zellengewölbe, wie man es in Brandenburg kein zweites Mal findet. Sakrale Ausstattung ist kaum noch vorhanden. Erhalten blieb die Empore aus dem 17. Jh. Die wundervolle Wirkung des Gewölbes macht man sich für Kulturveranstaltungen der unterschiedlichsten Genres zu Nutze („Studio für abgewandte Kunst"). In der kalten Jahreszeit ist St. Petri Winterkirche der Domgemeinde.

St.-Petri-Kirche
Information zum „Studio für abgewandte Kunst" und Besichtigungstermin unter
Fon (033 81) 22 82 62
E-Mail: Nora.Schlecht@t-online.de
oder im Dom melden

Ehemalige Ritterakademie

Schlagen wir zum Schluss unserer Betrachtung Brandenburgs den Bogen vom Mittelalter in die Neuzeit und verlassen wir die historische Mitte der Stadt in Richtung Westen. Dort wartet ein außergewöhnliches Bauwerk der Industriegeschichte auf uns: das *Industriemuseum*.

Die Brandenburger Stadtväter und die Landesregierung in Potsdam stehen dafür ein, dass neben den mittelalterlichen auch die Zeitzeugen der jüngeren Vergangenheit erhalten werden. Das ehemalige Stahl- und Walzwerk aus den 1950er-Jahren westlich der Stadt ist so ein Zeuge, der Brandenburgs einstige Stellung als wichtiger Industriestandort belegt. Über achtzig Jahre war die Stahlproduktion und -weiterverarbeitung einer der einträglichsten Wirtschaftszweige der Stadt, bis 1993 der letzte Abstich erfolgte. Die italienische Riva-Gruppe hält zwar mit ihrem modernen Elektrostahlwerk die Tradition aufrecht, es stehen aber mit ca. 750 Beschäftigten weit weniger Menschen in Lohn und Arbeit als die neuntausend vor der politischen Wende 1989. Die Anlagen des Industriemuseums im westlichen Abschnitt des Werkes sind ein Denkmal von europäischem Rang, hier steht der letzte erhaltene Siemens-Martin-Ofen in der Europäischen Union. Gemeinsam mit den originalen Anlagen zum Schmelzen und Gießen des Rohstahls und einem in die Halle integrierten neuen Museumsgebäude öffnet sich mit dem Brandenburger Technikmuseum auf 4.900 m^2 das Tor in eine industrielle Welt des mittleren 20. Jh.s.

Industriemuseum Brandenburg
August-Sonntag-Straße 5
14770 Brandenburg/Havel
Fon (033 81) 30 46 46
Fax -30 46 48
Öffnungszeiten:
Di–So 10.00–17.00 Uhr
Nov bis März bis 16.00 Uhr
Ausstellung, Führungen, Vorträge, Dia- und Videovorführungen
Anfahrt: Straßenbahn Linie 2, Haltestelle Sporthalle/Industriemuseum

Industriemuseum Brandenburg

Fritze Bollmann (1852–1901)
Er war ein Brandenburger Original, lebte ab 1875 in der Havelstadt und besaß einen Barbierladen, der ihn und seine Familie mehr schlecht als recht ernährte.
Einmal passierte es, dass Bollmann beim Angeln auf dem Beetzsee mit seinem Kahn kenterte und ins Wasser fiel. Unvorsichtigerweise erzählte er dieses Erlebnis in seinem Geschäft. Es sprach sich schnell herum und Bollmann, der wegen seiner häufigen Kneipenbesuche ohnehin schon zum Gespött der Leute geworden war, hatte nun endgültig seinen Ruf weg.
Aus Bollmanns Missgeschick dichteten die Brandenburger ein berühmtes Spottlied. Insgesamt war das Leben Bollmanns aber eher tragisch als komisch. In der Hauptstraße erinnert ein Brunnen an ihn.

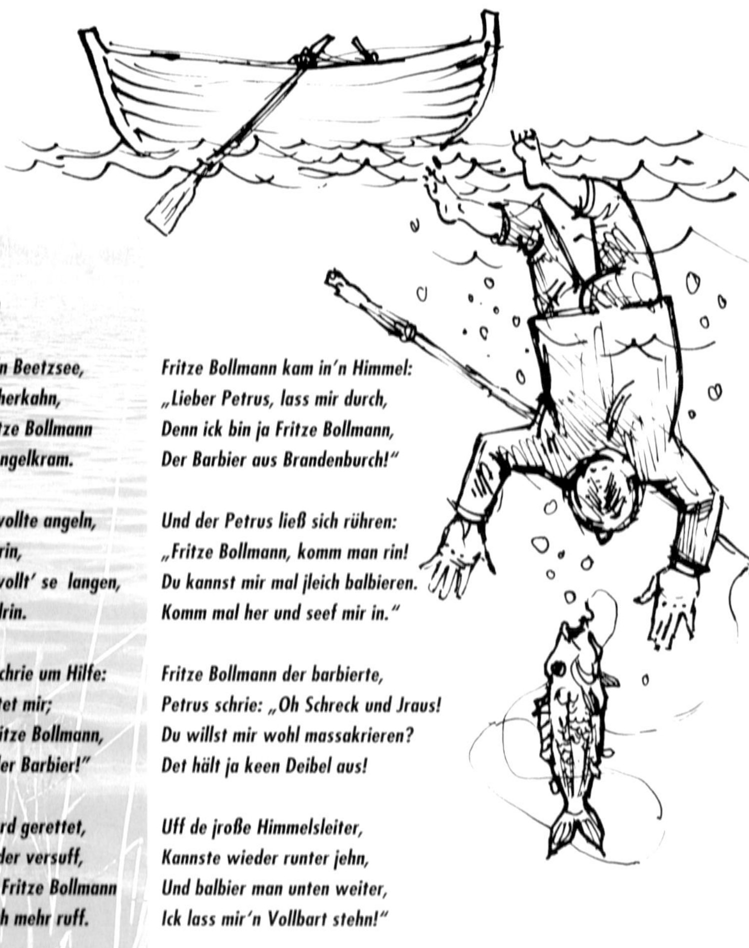

Fritze Bollmann

In Brannburch uffn Beetzsee,
Da steht een Fischerkahn,
Und drin sitzt Fritze Bollmann
Mit sein janzen Angelkram.

Fritze Bollmann wollte angeln,
Da fiel die Angel rin,
Fritze Bollmann wollt' se langen,
Da lag er selber drin.

Fritze Bollmann schrie um Hilfe:
„Liebe Leute, rettet mir;
Denn ick bin ja Fritze Bollmann,
Aus de Altstadt der Barbier!"

Nur die Angel ward gerettet,
Fritze Bollmann, der versuff,
Und seitdem jeht Fritze Bollmann
Uffn Beetzsee nich mehr ruff.

Fritze Bollmann kam in'n Himmel:
„Lieber Petrus, lass mir durch,
Denn ick bin ja Fritze Bollmann,
Der Barbier aus Brandenburch!"

Und der Petrus ließ sich rühren:
„Fritze Bollmann, komm man rin!
Du kannst mir mal jleich balbieren.
Komm mal her und seef mir in."

Fritze Bollmann der barbierte,
Petrus schrie: „Oh Schreck und Jraus!
Du willst mir wohl massakrieren?
Det hält ja keen Deibel aus!

Uff de jroße Himmelsleiter,
Kannste wieder runter jehn,
Und balbier man unten weiter,
Ick lass mir'n Vollbart stehn!"

Tourismusverein
Nördlicher Beetzsee
Brandenburger Straße 6
14778 Päwesin
Fon (03 38 38) 402 12
www.beetzsee.com
www.brielow.de

Den Brandenburgern bieten sich gleich zwei große Seengebiete zur Naherholung an: der Beetzsee im Nordosten und der Gewässerverbund Breitling-/Plauer- und Möserscher See im Westen. Verbunden sind beide durch die Havel und den künstlich angelegten Silokanal, der das Nadelöhr der Brandenburger Stadtschleuse umschifft. Lohnend ist auch eine Fahrt zum Großen Wusterwitzer See noch weiter westlich. Schließlich der malerische Landstrich an der Plane, jenseits der Autobahn A 2 Magdeburg-Berlin mit den Dörfern Reckahn und Krahne.

DER BEETZSEE

Der Beetzsee besteht eigentlich aus einer Abfolge von drei größeren Seen. Er bildet mit den kleineren Gewässern Riewendsee, Klein Behnitzer und Groß Behnitzer See eine eiszeitliche Seenkette von etwa 26 Kilometern Länge. Interessant ist, dass die weiteren Uferzonen nordwestlich der Seenkette etwa 20–30 Meter höher sind als die Bereiche im Südosten. Als Relikt der letzten Eiszeit vor ca. 10 000 Jahren sind die beiden *Aussichtspunkte* bei Ketzür und Bagow zu finden. Die Ufer sind zumeist naturbelassen, häufig mit Schilfgürtel, hin und wieder mit Vegetationsunterbrechungen vor allem bei Dörfern, die das Ufer umsäumen. *Badestellen* gibt es reichlich, darunter in Radewege, Butzow und Ketzür. Motor- und Segelboote sind zugelassen, besonders aber sind Kanadier und Kajak geeignet, die Stille und Anmut dieser weiten Landschaft zu genießen. Möglichkeiten, an Land zu gehen gibt es genug, allerdings sollte man die sensiblen schilfbestandenen Uferbereiche meiden.

Der Beetzsee bei Ketzür

Von den Dörfern am See wollen wir einige hier erwähnen. **Brielow**, nördlich von Brandenburg, liegt etwa anderthalb Kilometer westlich vom Ufer. Bekannt in der Region ist die *Schwedenlinde* an der Kirche. Sie ist gut 450 Jahre alt und hat einen Umfang von dreizehn (!) Metern. Im 30-jährigen Krieg soll ein schwedischer Offizier im Schatten des Baumes seine letzte Ruhe gefunden haben – daher der Name. Das Dorf befand sich bis zu seiner Zerstörung – ebenfalls im 30-jährigen Krieg – direkt am See, wurde danach aber landeinwärts neu aufgebaut.

Dorfkirche Brielow

Dorfkirche Ketzür
Schlüssel zur Kirche Ketzür
im alten Pfarrhaus links daneben
(Familie Jacob)
Fon (03 38 36) 403 93

Über Radewege und Butzow erreicht man **Ketzür**. Hier führt ein Weg zum knapp 53 Meter hohen Hasselberg östlich des Dorfes, von dem aus man einen guten Blick über das Land und den See hat. Auch an der Badestelle liegt dem Besucher der See zu Füßen. In Ketzür begegnet einem eine alte *Bockwindmühle*, ein ehemaliges *Gutshaus* mit Renaissancegiebel und eine hübsche *Dorfkirche*. Auch sie besitzt an der Ostseite einen Renaissancegiebel, gemeinsam mit dem Schiff ein Werk des ausgehenden 16. Jh.s. Sehenswert ist die farbenprächtige Innenausstattung mit aufwändigen Wandmalereien. Sehr schön sind auch der Holzaltar und das Epitaph der Familie von Brösicke, kunstvoll herausgearbeitet aus Sandstein, Marmor und Alabaster.

Blick nach Bagow

Dorfkirche Bagow
Einlass siehe Schaukasten
an der Kirche

Ev. Pfarramt Päwesin
Kirchplatz 1
14778 Päwesin
Fon (03 38 38) 402 26

Über Gortz und Bollmannsruh führt die Landstraße nach **Bagow**. Blickfang an der Straßengabelung nach Riewend ist die *Dorfkirche*, erbaut 1907 in der Rekordzeit von nur sieben Monaten. Der barocke Vorgänger war 1906 einem Blitzschlag zum Opfer gefallen. Kanzel und Altar konnte man damals retten und in den Neubau integrieren.
In der Mitte des Dorfes steht man unvermittelt einem schlichten *Herrenhaus* aus der Renaissance-Zeit gegenüber. Das Baujahr ist genau datiert: 1545. Ab 1793 war Gut Bagow im Besitz derer von Ribbeck aus Ribbeck, die seit dem 13. Jh. in Brandenburg ansässig waren. Mit der Bodenreform wurden die Ribbecks enteignet, kauften aber nach 1989 das Bagower Haus zurück und verpachteten es an die Gemeinde Päwesin. Es ist geplant, hier ein Heimatmuseum einzurichten.

Kirche Päwesin

Päwesin bildet in der südöstlichsten Ecke des Naturparks Westhavelland den nördlichen Endpunkt des Beetzsees. Das Dorf grenzt aber nicht direkt an den See, es liegt am „Strang", dem kleinen Fließgewässer, das die Seenkette miteinander verbindet. Eine Sehenswürdigkeit ist die barocke *Kirche* von 1727. Kennzeichen des hell strahlenden Gotteshauses ist seine für die Zeit des Barocks so typische geschweifte Haube.

Wanderung Naturlehrpfad Bagower Bruch: ca. 6 km

Bagower Bruch

Das Bagower Bruch wirkt auf den ersten Blick wie eine natürliche Landschaft. Doch dieser Eindruck täuscht, denn der größtenteils von Laubwald eingefasste See ist eine aufgegebene Tongrube. Zwischen 1890 und 1932 förderten zwei Ziegeleien diesen begehrten Rohstoff, später zu DDR-Zeiten wurde die Lagerstätte noch einmal kurz reaktiviert. Ein aufschlussreicher Lehrpfad geleitet einen durch das 1997 unter Naturschutz gestellte Gebiet. Dabei kommt man immer wieder an schöne Stellen, wo der Blick über das Wasser gleiten kann. Der eigentliche Naturlehrpfad beginnt einige hundert Meter westlich von Bagow. Man kann aber auch das Auto im Dorf abstellen und sich zunächst entlang der Straße nach Gortz auf den Weg machen. An der Straßenbiegung zweigt der Weg nach rechts ab. Anfänglich geht es, begleitet von sanften Hängen, durch offene Landschaft, bis wir den Waldrand erreichen. Im Uhrzeigersinn führt der Weg um das Bruch herum, am nördlichen Ufer mit Tuchfühlung zum Wasser. Mehrere Schautafeln informieren über die Geschichte des Bruchs und die reiche Flora und Fauna. Nicht viele Besucher verirren sich hierher, sodass man eventuell ganz allein ist. Nördlich von Bagow mündet die beschilderte Route auf die von Riewend kommende Straße. Kurz darauf erreichen wir wieder unseren Ausgangspunkt. Die Wegstrecke ist auch für Radfahrer geeignet.

RECKAHN

Ein Abstecher in Richtung Süden bringt uns nach Reckahn, mit der Bahn vom Brandenburger Hauptbahnhof in nur zwölf Minuten. Die aus dem Fläming kommende *Plane* quert hier eine idyllische Wald-und-Wiesen-Landschaft. Teiche versorgen Einheimische wie Besucher mit frischem Fisch (Richtung Meßdunk). So mancher mag deshalb hierher kommen, eine längere Stippvisite wert sind aber auch die zwei Reckahner Museen. Das Dorf an der Plane steht ganz im Zeichen des großen preußischen Reformpädagogen Friedrich Eberhard von Rochow. Sein barocker *Herrensitz*, erbaut im 18. Jh, wurde unlängst aufwändig renoviert und ist seit August 2001 Ort der *Dauerausstellung* „Vernunft fürs Volk – Friedrich Eberhard von Rochow im Aufbruch Preußens“,

Die Plane bei Reckahn

Schlossmuseum Reckahn
Dorfstr. 37, 14778 Reckahn
Fon (03 38 35) 606 72, 606 73
Fax -606 65
E-Mail:
schloss.reckahn@t-online.de
Schulmuseum Reckahn
Dorfstraße 23
Fon u. Fax (03 38 35) 400 02
Öffnungszeiten der Museen:
Di–Fr u. So 10.00–17.00 Uhr
Sa 10.00–18.00 Uhr

Die Fremden

„Ein Mann und seine Frau, die aus ihrem Vaterlande durch böse Leute vertrieben waren, kamen im harten Winter in ein kleines Dorf. Sie stellten der Gemeine ihre Noth aufrichtig und beweglich vor, und baten um die Erlaubniß, bey ihnen zu wohnen. In diesem Dorfe waren gute gastfreye Leute; daher wurden die beyden Fremden liebreich aufgenommen. Man wies ihnen eine Stelle zur Wohnung an, und versorgte sie mit den nöthigsten Bedürfnissen. Seht, Kinder, wie Gott diese Gastfreyheit belohnte. Diese Fremden lehrten aus Dankbarkeit die Leute im Dorfe viel neue und nützliche Dinge und verschiedene Handgriffe, wodurch ihr Ackerbau besser von statten ging, als vorher. Sie machten sie mit Futterkräutern bekannt, so dass sie die Stallfütterung einführen konnten. Und auf diese Weise wurden die Leute im Dorfe sehr wohlhabend."

Aus „Der Kinderfreund – Ein Lesebuch zum Gebrauch in Landschulen" von Friedrich Eberhard von Rochow, Frankfurt 1776

die sich in acht Räumen dem Leben und Wirken des aufgeklärten Schulbuchautors, Agrarreformers und Halberstadter Domherrn zuwendet. Der Bezug zu seinem Wirken erschließt sich in Schloss Reckahn besonders authentisch, schließlich brachte Rochow hier einen Teil seiner Werke zu Papier. Älter noch als das Schloss ist das Gebäude nebenan, zu erkennen am Renaissancegiebel, mit dem das „alte Schloss" auf das beginnende 17. Jh. verweist. Das schon 1992 eingerichtete *Schulmuseum* im von Rochow 1773 initiierten Schulhaus neben der Kirche ergänzt die Ausstellung im Schloss. Die fünf Räume widmen sich dem Gründer des Hauses und seinem ersten Lehrer Heinrich Julius Bruns, ein Klassenzimmer aus dem beginnenden 20. Jh. ist ebenso zu besichtigen wie verschiedenste historische Unterrichtsmaterialien.

Beerdigt sind von Rochow und seine Frau Christiane Louise auf dem Friedhof an der Feuerwehr, einige hundert Meter weiter östlich in Richtung Krahne. „Sie schätzten sich im Leben sehr und wünschten auch im Tode nicht getrennt zu sein", so steht es auf dem klassizistischen *Grabmal* geschrieben.

Friedrich Eberhard von Rochow

Der 1734 in Berlin geborene von Rochow übernahm 1760 von seinem Vater die Güter Reckahn, Gettin und Krahne. Seine Ehe mit Christiane Louise von Bose blieb kinderlos; vielleicht war gerade dieser Umstand wichtig für seinen weiteren Werdegang. Von Rochow schrieb mehrere Schulbücher und ging als großer Reformpädagoge in die Geschichte ein. Seine Lehrwerke „Versuch eines Schulbuches für Kinder der Landleute" (1772) und die zwei in Millionenauflage gedruckten Bände „Der Kinderfreund" (1776–79) sollten bis weit ins 19. Jh. hinein Generationen von Pennälern von großem Nutzen sein. Nachdrücklich lag von Rochow die Bildung der Landbevölkerung am Herzen. So hieß es in der Einleitung eines seiner Werke: „Ich lebe unter Landleuten. Mich jammerte des Volks. Neben den Mühseligkeiten ihres Standes werden sie von der schweren Last ihrer Vorurtheile gedrückt. Ihre Unwissenheit, in den nöthigsten Kenntnissen, beraubt sie der Vortheile und Ersetzungen, welche die, für alle Stände, gnädige Vorsehung Gottes auch dem ihren gegönnt hat." Von Rochow starb 1805.

In fünfzehn Minuten ist man mit der Bahn von Brandenburg im zwei Kilometer südöstlich von Reckahn liegenden **Krahne**, einem hübschen Dorf, das jedem gestressten Städter wie ein Paradies vorkommen muss. An erhöhter Stelle steht die *Kirche* von 1767, 1904 umgestaltet. Ebenfalls höher gelegen und baulicher Blickfang ist die ehemalige *Gutsanlage* von 1899. Im Mai/Juni lohnt sich vor allem für Spargelgenießer ein Besuch in Krahne. Es gibt einen *Hofladen*, dessen Spargel geschmacklich viele seiner Konkurrenten ins Feld schlägt.

Reckahn und Krahne:
Gemeinde Kloster Lehnin
Friedensstraße 3, 14797 Lehnin
Fon (033 82) 730 70
Fax -73 07 62
E-Mail: amt-lehnin@t-online.de
www.lehnin.de

Die Seenplatte westlich von Brandenburg ist ein Paradies für Wassersportler. Mittelpunkt des touristischen Geschehens ist **Malge** am Südufer des Breitlingsees mit der *Camping- und Freizeitanlage*. Malge ist idealer Ort für alle, die baden, surfen, paddeln oder sonst wie mit Wasser zu tun haben wollen. Außerdem führen von Malge ausgeschilderte *Wanderwege* in die Umgebung, z. B. nach Kirchmöser, ein Weg, der zum Teil am Ufer entlangläuft, oder ins Naturschutzgebiet Gränert. Lohnenswert ist auch eine kurze Wanderung durch das „Tal“ der Buckau zur Ausflugsgaststätte Neue Mühle.

Weitere *Badestellen* laden zudem am *Möserschen See* im Brandenburger Ortsteil **Kirchmöser** zum Schwimmen ein ebenso in Wusterwitz am glasklaren 171,4 Hektar großen *Großen Wusterwitzer See*.
Im Dorf **Wusterwitz** steht außerdem eine gut erhaltene romanische *Kirche* mit barockem Turmaufsatz. Politisch zählt Wusterwitz heute zum Land Brandenburg. Die Kirchengemeinde ist aber dem Sprengel Magdeburg-Halberstadt in der Kirchenprovinz Sachsen zugeordnet. Das erinnert an die frühere Zuordnung zum Land Sachsen-Anhalt, dem Wusterwitz bis 1952 angehörte.
Nördlich von Wusterwitz am Wendsee beginnt der *Elbe-Havel-Kanal*, die östliche Fortsetzung des Mittellandkanals und für Binnenschiffer die kürzeste Verbindung zwischen Berlin und Hannover. Bis zur Elbe muss die Wasserstraße mittels Schleusen einige Höhenmeter überwinden, so auch hier bei Wusterwitz. Auch wenn man Schleusungsvorgänge schon x-mal verfolgt hat, wird das Heben eines Schiffes doch immer wieder zum technischen Schauspiel.

Schleuse Wusterwitz
Betriebszeiten:
Mo – Sa 6.00 – 20.00 Uhr
So u. feiertags 7.00 – 19.00 Uhr

Badestelle am Großen Wusterwitzer See

Blick über die Havel auf Pritzerbe

PRITZERBE

Haus der Kultur und Begegnung mit Internetcafé und Tourist-Information
Havelstraße 6, 14798 Pritzerbe
Fon (03 38 34) 502 83
Fax -409 09
E-Mail: icpritzerbe@web.de
www.pritzerbe.de

Veranstaltungen in Pritzerbe:
Sept. Markt der Möglichkeiten
So vor Nilokaus Nikolausmarkt

Ev. Pfarramt
Marktstraße 6
14798 Pritzerbe
Fon u. Fax (03 38 34) 502 39
E-Mail : M.Puppe@t-online.de
Gottesdienst: siehe Schaukasten vor der Kirche

Folgen wir zum Schluss dieses Kapitels der Havel noch ein Stück nach Norden – um genau zu sein, von Wusterwitz fünfzehn Kilometer nach Nordnordost ins ehemalige Fischerstädtchen Pritzerbe. Die Fischerei besaß lange Zeit einen hohen Stellenwert im Pritzerber Wirtschaftsleben. Im Jahre 1800 etwa holten immerhin 45 Fischer ihren Lebensunterhalt aus der Havel und dem cirka 200 Hektar großen Pritzerber See. Bei fast 900 Einwohnern mag damals gut und gerne jeder sechste Pritzerber vom Fischfang abhängig gewesen sein. Diese Zeiten sind Vergangenheit, heute findet damit gerade noch ein Fischer sein Auskommen. Das kleine Städtchen sieht seine Zukunft mehr und mehr im Tourismus – als Tor zum Naturpark Westhavelland sollte dieses Vorhaben eigentlich gelingen. An der neu gestalteten *„Ablage"*, einem schönen Plätzchen an der Havel, halten Fahrgastschiffe, Bootsanleger erwarten Wasserwanderer – ein Besuch lohnt sich, allein schon der reizvollen Umgebung wegen.

Erwähnt als Pricerui beginnt im Jahre 948 die niedergeschriebene Geschichte des Ortes. Im 13. Jh. weilte der Bischof von Brandenburg des Öfteren in Pritzerbe, eine Burg bot ihm standesgemäße Unterkunft. Aber schon vor dem 30-jährigen Krieg sprach davon niemand mehr. Zaghaft überragt wird Pritzerbe von seiner *Stadtkirche*. Weil der Vorgängerbau 1773 vollständig niedergebrannt war – selbst die Glocken konnten der Hitze nicht standhalten und schmolzen – musste ein neues Gotteshaus her. So wie es damals errichtet wurde, steht es noch immer im Zentrum des Ortes, innen wie außen nahezu original erhalten. Die Orgel ist wahrscheinlich ein handwerkliches Zeugnis Joachim Wagners (↗ Dom zu Brandenburg) und nicht eine Arbeit Silbermanns, wie es gelegentlich heißt. Gestiftet wurde das zuweilen bei Konzerten zum Leben erweckte Instrument von König Friedrich Wilhelm II. Den Kirchenraum umspannend, setzt die an vier Seiten umlaufende Empore ein gewichtiges Zeichen, nicht zu vergessen der Kachelofen, eine wärmendes Kleinod aus dem 18. Jh.

Ein paar hundert Meter außerhalb von Pritzerbe in Richtung Marzahne kann man das Handwerk des Rohrwebens erlernen – entweder mithilfe einheimischen Schilfrohres oder anhand des stabileren asiatischen so genannten Miskantus-Rohrs, das man bei der *Weberei* angepflanzt hat.

Rohrweberei
Marzahner Chaussee
Fon (03 38 34) 502 36
Öffnungszeiten:
Mo – Do 7.30 – 16.00 Uhr
Fr 7.30 – 11.30 Uhr

Gegenüber von Pritzerbe auf der linken Havelseite liegt Kützkow, seit 1950 eingemeindeter Ortsteil. Eine *Fähre* wird hier schon 1341 erwähnt ... und so ist es bis heute geblieben – nicht für den großen Durchgangs-, eher für den „kleinen Grenzverkehr" zwischen dem traditionell zu Brandenburg gehörenden Ostufer und dem einstigen Erzbistum Magdeburg links der Havel ... aber das liegt schon ein paar Jahrhunderte zurück!
Von Kützkow aus öffnet sich das flache westliche Havelvorland, ein dünn besiedelter Landstrich, der zum Fahrradfahren geradezu herausfordert (↗ Radroute Großwudicke-Pritzerbe S. 88/104).

Fähre Pritzerbe Fährzeiten:
Ab Kützkow ganzjährig
Mo – Fr 4.50 – 22.30 Uhr
Sa 7.00 – 0.25 Uhr
So 7.00 – 22.30 Uhr
Fährpausen jeweils 30 Min ab 7.30, 12.00 und 18.00 Uhr
Fon 0174-403 62 33

Radroute rund um den Pritzerber See: ca. 11 km

(Karte S. 88)

In Pritzerbe halten wir uns in Richtung Marzahne. Nach knapp drei Kilometern knickt eine Straße nach Hohenferchesar ab. Am Campingplatz des Dorfes, auf dem Ostufer des Pritzerber Sees bietet eine Bucht Bademöglichkeiten. Typisch märkisch ragt die *Dorfkirche* an der höchsten Stelle von **Hohenferchesar** in den havelländischen Himmel.
Am Südostausgang des Ortes geht es zunächst in Richtung Brielow, aber schon nach wenigen hundert Metern biegen wir in Richtung Fohrde ab. Der Weg bildet die Grenze zum Naturschutzgebiet. Rechts von uns tauchen feuchte Wiesen auf, links der bewaldete Gallberg, mit 68 Metern Höhe immerhin 40 Meter über den Wassern des Pritzerber Sees. Wenig später eine Stelle mit guter Aussicht und schon sind wir in Fohrde, in dem das Ziegelhandwerk einst den Lebensunterhalt sicherte. Wir durchqueren das Dorf in ganzer Länge, halten uns rechts Richtung Pritzerbe, das wir nach Passieren des westlichen Seeufers wieder erreichen.

Hohenferchesar

Naturschutzgebiet Untere Havel Süd
Wolfsmühle
Milow
Siedlung Döberitz
Döberitz
Gapel
Ausbau
Havel
Marquede
Dunke
Jerchel
Bahnitz
PRITZERBE
Fähre
Kützkow
Pritzerber See
Hohenferchesar
Luisenhof
Fohrde
Möthlitz
Nitzahn
102
Tieckow
Havel
Lutze
Krahnepuhl
Grenzhof
Knoblauch
Wendeberg
39
Butterlake
Brandenburger
Forst
Briest
Neu Plaue
71
Vehlensche Berge
Vehlen
Gördensee
Hohenstücken
Havel
Görden
Charlottenhof
Silokanal
Bensdorf
PLAUE
M
1
Industriemuseum
Plauer Hof
Woltersdorf
Margaretenhof
BRANDENBURG AN DER HAVEL
Herrenhölzer
Breitlingsee
Wend See
Plauer See
Elbe-Havel-Kanal
Neu Woltersdorf
Neuendorf
Havel
Siedlung Wusterwitz
Müggenbusch
Möserscher See
Breitlingsee
Rosenthal
Gollwitz
Großer Wusterwitzer See
Kirchmöser
Wusterwitz
Wilhelmsdorf
Warchau
Buckau
NSG Gränert
Wendgräben

Riewend
Vogel-
gesang
Riewendsee
NSG
Bagower Bruch
Bagow
Päwesin
Marzahne
77
Fuchsberg
75
Butzower Berg
Gortz
Bollmannsruh
Marienhof
Ketzür
Beetzsee
Butzow
89
Schwarzer
Berg
Radewege
Lünow
Lindenhof
Grabow
Radewege
Siedlung
Roskow
Brielow
Mötzow
Weseram
Fuchsbruch
Saaringen
Havel
Klein Kreutz
108
Götzer Berg
Altstadt
ADAC
Dom
Dominsel
Dommuseum
Neustadt
Wust
Emsterkanal
Gollwitz
Götz
1
Jeserig
Neuschmerzke
Schmerzke
Schenkenberg
102
Eigene
Scholle
Rietz
Göttin
Paterdamm
59
Fichtenberg
Rietzer
See
AS 78
Brandenburg
2
▼ Reckahn/Krahne
Prützke
Tourist-Information
Kirche
Museum
Herrenhaus
Aussichtsturm
Rundwanderweg S. 87
Rundwanderweg S. 83
Radroute S. 101/102
0
3 km
N

RECHTS UND LINKS DER UNTERHAVEL

Ein Landstrich mit vielen Gesichtern

Hier Rathenow, Kreisstadt des Havellandes, dort der touristisch erschlossene und vor Schönheit strahlende Hohennauener See mit Semlin, dem „märkischen Heringsdorf". Mittendrin die Havel, die – bei der wesentlich älteren Mosel offenbar in die Lehre gegangen – sich zu Mäanderbögen aufschwingt, deren abgeschnürte Arme in die Auen ausgreifen, als gelte es, die märkische Hosennaht zusammenzuhalten.

Bis zur Landesgrenze im Westen geht die Unterhavel-Region vollständig im Naturpark Westhavelland auf; ein Teppich von Naturschutzgebieten beiderseits des Flusses gibt Pflanzen- wie Tierliebhabern ausreichend Gelegenheit zur Naturbeobachtung.

Scheint in anderen Gegenden Brandenburgs die Zeit seit Fontanes Wanderungen im 19. Jh. stillzustehen, wird sich der Besucher hier an der unteren Havel zuweilen auch mit den letzten sechs Jahrzehnten auseinander setzen. Der Zweite Weltkrieg hat ebenso Spuren hinterlassen wie die industrielle Entwicklung des 20. Jh.s.

Das Auto kann auch zu Hause gelassen werden, die Unterhavel ist durch die Deutsche Bahn gut erschlossen. Rathenow liegt im Kreuzungsbereich der Strecken Berlin-Hannover und Brandenburg/H.-Neustadt (Dosse). Weitere Bahnhöfe sind in Großwudicke und Premnitz. Von Berlin nach Rathenow dauert die Fahrt eine knappe Stunde. Nur wenige Minuten länger braucht man bis Großwudicke (Zugwechsel in Rathenow), bis Premnitz (Umsteigen in Brandenburg/H.) sind es etwa anderthalb Stunden.

Der Hohennauener See bei Semlin

Schleusenplatz in Rathenow

RATHENOW

Stadt der Optik

Im Schutze eine markgräflichen Burg bildete sich um die Wende vom 12. zum 13. Jh. rasch eine deutsche Siedlung aus, 1216 als „Ratenowe" erwähnt, was die Rathenower veranlasste, 1991 das 775. Stadtjubiläum zu begehen. Die Burg wurde schon Ende des 13. Jh.s seitens der Markgrafen von Brandenburg zum Abriss freigegeben, die Bevölkerung nahm die Steine dankend als Baumaterial an. Von der Befestigung zeugen heute nur noch die Straßennamen Kleine und Große Burgstraße auf der altstädtischen Insel. Sie ist der älteste Siedlungsteil Rathenows, an drei Seiten umflossen vom Stadtkanal, an der vierten – im Westen – von der nach Osten ausholenden Rathenower Havel.

Wie kaum eine andere Stadt Brandenburgs wurde Rathenow Zeit seiner Existenz ein ums andere Mal verwüstet und wieder aufgebaut – Hemmnis für eine fortlaufend gedeihliche wirtschaftliche Entwicklung. Allein im letzen Viertel des 16. Jh.s vernichteten drei Feuersbrünste den Ort. Durch ihre strategische Lage am, neben Plaue bei Brandenburg/H., wichtigsten Havelübergang überstand Rathenow auch so manche kriegerische Auseinandersetzung nicht ohne schwerste Zerstörungen. Verheerend wirkte sich der Zweite Weltkrieg aus, in dessen letzen Wochen über zwei Drittel der Innenstadt in Schutt und Asche versanken. Größere Teile des Zentrums wurden im puristischen Stil der Nachkriegszeit erneuert. Infolgedessen ist die historische Stadtstruktur nur noch in Resten greifbar. Nach 1990 sind die Rathenower dem bis dato grauen Putz mit Farbe zu Leibe gerückt und haben so ihrer Stadt ein frisches Antlitz verpasst. Die Narben des Krieges sind so in ein freundlicheres Licht getaucht, vor allem im belebten Bereich der Berliner Straße und des *Märkischen Platzes* mit seinem markanten, 1958 errichteten *Kulturhaus*.

Fremdenverkehrsverband Westhavelland e. V.
Kirchplatz 5
14712 Rathenow
Fon (033 85) 51 49 91
Fax -51 49 96
E-Mail: fvv_westhavelland@rathenow.de
www.rathenow.de
www.westhavelland.de

Veranstaltungen in Rathenow:
Letztes Wochenende im Mai Kirchbergfest
Juni Bismarckturmfest
Juli Hafenfest

Am Kirchplatz

St. Marien-Andreas-Kirche
Öffnungszeiten:
Mai bis Oktober
Sa u. So 14.00–16.00 Uhr

Das alte Rathenow findet der Besucher in erster Linie an zwei Orten, dem *Kirchplatz* und dem *Schleusenplatz*. Der Kirchplatz auf der Insel oberhalb des Stadtkanals ist umstellt von mehreren historischen Häusern. In einem sanierten Fachwerkhaus hat sich der Fremdenverkehrsverband Westhavelland einquartiert. Ein weiteres macht mit einer Gedenktafel darauf aufmerksam, dass dort Johann Heinrich August Duncker geboren wurde, der Begründer der „Optischen Industrie-Anstalt" und Pionier der industriellen Fertigung von Brillengläsern.

Zentrales Baudenkmal inmitten des Platzes ist die *Sankt-Marien-Andreas-Kirche*. Die kreuzförmige Backsteinbasilika litt schwer unter den Einwirkungen des Zweiten Weltkriegs. Der obere Turmabschnitt mit Spitzhelm kam im Zuge umfangreicher Sanierungsmaßnahmen erst im Jahre 2001 wieder an seinen angestammten Platz. In den Jahrzehnten zuvor hatte sich das Gotteshaus mit einem flachen Turmabschluss begnügen müssen. Mehrere Bauepochen spiegeln sich in St. Marien-Andreas wider: in Resten romanisches Erbe, darüber hinaus in großen Teilen gotische Stilelemente und am 1828 vollendeten, in jüngster Zeit wieder hergestellten Turm die Neogotik. Innen hat der Zweite Weltkrieg nur wenige Ausstattungsstücke verschont. Sehenswert ist der Flügelaltar mit geschnitzten und bemalten Heiligenfiguren aus dem 14. Jh. In der Rathenower Hauptkirche finden keine regelmäßigen Gottesdienste statt, sondern in der Lutherkirche. Hin und wieder lädt man aber zu Ausstellungen und Konzerten.

Stadtschleuse

Vor den Toren der Altstadtinsel hat der *Schleusenplatz* sein historisches Aussehen weitgehend bewahrt. Früher Paradeplatz genannt, war dieser Stadtraum einst Lebensmittelpunkt der Rathenower Neustadt, mit deren Bau 1733 begonnen wurde. Kurz zuvor war die nahe *Schleuse* fertig gestellt worden. Neben dem durch eine Feuersbrunst verursachten Wiederaufbau Templins (↗ Templin in Bd. Die Uckermark) zählt die Gründung der Neustadt zu den bedeutenden städtebaulichen Leistungen in der Mark Brandenburg unter Friedrich Wilhelm I., dem so genannten Soldatenkönig. Das Neustädter Rathaus an der Ecke Berliner Straße ging 1945 verloren. Anders die drei Häuser an der Südseite des Platzes, einem barocken Triptychon gleich fassen sie den Platz an seiner Langseite ein. Sie sind ausgewogen proportio-

Johann Heinrich August Duncker, der Mann der Linse

Mehr noch als die preußischen Könige beeinflusste Duncker die Entwicklung Rathenows. Durch ihn wurde die Stadt im 19. Jh. zu einem der wichtigsten Zentren der optischen Industrie in Deutschland. Dabei schien Dunckers Leben zunächst seinen elterlich vorbestimmten Verlauf zu nehmen. 1767 als Pfarrerssohn am Rathenower Kirchplatz geboren, war der Weg fast vorgezeichnet, in die Fußstapfen des Vaters zu treten. 1786 begann er in Halle (Saale) sein Theologiestudium und kehrte nach erfolgreichem Abschluss 1789 nach Rathenow zurück. Bei den Franckeschen Stiftungen hatte er während seiner Studentenzeit Kenntnisse im Bereich der Optik erworben. Nun, neben seiner Tätigkeit als Vikar, begann er, diese theoretischen Fähigkeiten in die Praxis umzusetzen.

Der Durchbruch gelang mit der Erfindung der Vielschleifmaschine, durch die das Schleifen hochwertiger Linsen revolutioniert wurde. Zusammen mit dem Garnisonpfarrer Samuel Wagener gründete Duncker 1801 die Optische Industrie-Anstalt. Das Glas für die Linsen kam aus Neustadt (Dosse) und Zechlinerhütte (bei Rheinsberg). Schon bald wurden nicht nur Linsen hergestellt, Fassungen ergänzten rasch die Produktpalette. 1819 erkrankte Duncker schwer, sodass sein Sohn Eduard die Firmenleitung übernahm. 1843, im Jahr seines Todes, fertigte die Anstalt etwa 250.000 Linsen und 40.000 Fassungen. Unter Eduard und ab 1845 Emil Busch, dessen Neffe, entwickelte sich das Unternehmen in rasantem Tempo – und mit ihm die Stadt Rathenow. Weitere optische Betriebe siedelten sich an. Ob Brillen, Mikroskope, Opern- und Ferngläser oder Fernrohre – aus den Rathenower Werken gingen optische Geräte jedweder Art in die ganze Welt. Die Stadt wurde wohlhabend und wuchs kräftig – von gut 5.000 Einwohnern 1840 auf 27.500 im Jahre 1925, ohne Dunckers Vielschleifmaschine undenkbar.

Nach 1945 wurden mehrere Betriebe im VEB Rathenower Optische Werke zusammengefasst (VEB = volkseigener Betrieb). Das Sortiment entsprach nach einigen Jahren zwar nicht mehr dem Vorkriegsstand, wahrte aber Rathenows Ruf als Stadt der Optik. Die Wende von 1989 führte dazu, dass die Zahl der Arbeitsplätze in der optischen Industrie einbrach. Heute arbeiten, nach Durchschreiten der Talsohle, wieder etwa 800 Menschen in der Branche – mit steigender Tendenz. Sie setzen die über 200 Jahre alte Tradition fort, die Duncker mit seiner Optischen Industrie-Anstalt begründet hat.

Denkmal des Großen Kurfürsten

Reederei Bolz
Semliner Straße 6 e
14715 Stechow
Fon (03 38 74) 603 21
Fax -603 99
E-Mail: info@personenschifffahrt-rathenow.de
www.personenschifffahrt-rathenow.de

nierte Kulisse für das *Denkmal des Großen Kurfürsten*, das magnetisch alle Blicke auf sich zieht. Wohlbeleibt, in übernatürlicher Größe, siegessicher mit römischer Rüstung versehen steht der steinerne Monarch inmitten des sanft abfallenden Platzes. Als Befreier von Rathenow ist der Regent in die Geschichte eingegangen. Das war 1675, als es Friedrich Wilhelms Truppen gelang, die Schweden – sozusagen als Generalprobe für die wenig später stattgefundene Schlacht bei Fehrbellin (↗ Hakenberg) – erfolgreich aus der Stadt zu vertreiben. Der Bildhauer Johann Georg Glume meißelte das Ebenbild des großen Hohenzollern in sächsischen Sandstein. Die feierliche Enthüllung des Denkmals erfolgte 1738. Am Fuße des prächtigen Sockels sind vier bekümmerte, mit Ketten gefesselte, spärlich bekleidete Kraftprotze zu erkennen – hintersinniges Symbol für die niedergerungenen Schweden. Dazwischen Reliefs, in denen die glorreichen Siege des Großen Kurfürsten wach gehalten werden: die Schlachten bei Fehrbellin und Warschau, die Eroberung Stralsunds und natürlich die Befreiung Rathenows.
Westlich vom Schleusenplatz im *Stadthafen* machen im Sommer die Wasserwanderer Station. Auf der anderen Seite der Altstadtinsel, nördlich der Langen Brücke, am Anleger Kino legt von Ostern bis Anfang Oktober die MS Sonnenschein ab, das 1928 in Fürstenberg/Havel gebaute Fahrgastschiff der Reederei Bolz. Zweistündige Touren führen auf der Havel bis zur so genannten Herrenlanke südlich Rathenows, einem abgeschnürten Mäanderbogen. Länger sind die Rundfahrten etwa in den Hohennauener See, nach Semlin und Ferchesar. Detaillierte Fahrpläne stellt die Reederei ins Internet.

Gegenüber dem Anleger wartet ein Zeugnis des Industriezeitalters auf bessere Tage, die *Kornmühle*, im Volksmund noch immer Konsummühle genannt. Der mächtige Backsteinbau entstand in der zweiten Hälfte des 19. Jh.s. In Spitzenzeiten wurden hier an einem Tag 50.000 Tonnen Getreide zu Mehl verarbeitet. Seit 1991 ist die Mühle stillgelegt. Am Mühlendamm, dem Wehr südlich der Langen Brücke, stand früher eine alte Haferschälmühle – sie wurde bedauerlicherweise 1998 bei einem Feuer zerstört.

Kornmühle

An die Zeit des Mittelalters erinnern *Reste der Stadtmauer*, vor allem in der nördlichen Hälfte der Altstadt-Insel (Kleine Burgstraße, Am Schleusenkanal).

Bismarckturm

900 Meter südlich der Stadtkirche, auf dem 57 Meter hohen so genannten Weinberg, steht einer der größten Bismarcktürme Deutschlands. Das Monument zu Ehren des ersten deutschen Reichskanzlers wurde 1914 eingeweiht. Der beeindruckende Bau ist nicht mehr vollständig erhalten und bedarf einiger Fördergelder zur umfassenden Restaurierung, die erfreulicherweise inzwischen auch fließen. Otto von Bismarck wurde nur zwanzig Kilometer westlich von Rathenow in Schönhausen an der Elbe geboren. Rathenower Wahlmänner verhalfen dem konservativen, später „Eisernen Kanzler" genannten Politiker 1849 zu einem Abgeordnetenmandat für den Wahlkreis Zauch-Belzig-Brandenburg im Preußischen Landtag. Es ist also nicht vermessen zu behaupten, die politische Karriere Bismarcks habe auch in Rathenow begonnen. Allerdings dürften nicht alle Rathenower diese Entscheidung mit Wohlwollen betrachtet haben. Als Bismarck sich in der Stadt aufhielt, um den Wahlmännern Rede und Antwort zu stehen, traf ihn bei der Fahrt durch die Stadt ein Pflasterstein am Arm. Irgendwelche daraus resultierende Folgen bezüglich seiner Gesundheit oder seiner späteren Politik sind jedoch nicht überliefert. Zum *Bismarckturm* zu gelangen ist nicht ganz einfach. Man geht vom Stadthafen kommend auf der Straße „Zum alten Hafen" zum ev. Friedhof. Dort durch ein barockes Torbogenhaus von 1759, dann rechts am Dunckergrab vorbei. Ein grüner Punkt der „Weinberg-Wanderung" hilft bei der Orientierung, zunächst auf dem Hauptweg den Städtischen Friedhof entlang, dann hinauf zum Turm. Die beiden ineinander übergehenden *Friedhöfe*, der städtische und evangelische, sind ein entspannender Ort der Ruhe. Die *Friedhofskapelle*, von den Rathenowern auch Auferstehungskirche genannt, wurde 1914–17 nach Plänen des Kirchenbaumeisters Curt Steinberg gebaut. Sie lässt bereits deutlich die damals beginnende Hinwendung zu moderneren Architekturformen erkennen.

Friedhofskapelle

An der Berliner Straße in der östlichen Stadthälfte trifft man auf das *Kreishaus*, ein großzügig bemessener Verwaltungsbau im Stil der Neogotik. Der als Schaugiebel ausgestaltete Mittelrisalit mit Blendwerk und Fialen (Ziertürmchen) wurde im Zweiten Weltkrieg beschädigt und büßte etwa ein Drittel an Höhe ein. Franz Schwechten war der Architekt, der für den Bau der westhavelländischen Zentralbehörde verantwortlich zeichnete (↗ S.96).

Kreishaus

Franz Schwechten – Architekt der Gründerzeit

Der 1841 in Köln geborene Schwechten studierte von 1861–69 an der Berliner Bauakademie und arbeitete unter August Stüler und Martin Gropius, zwei der großen deutschen Architekten des 19. Jh.s, in deren Reihe Schwechten mit seinem Werk ebenfalls ein Platz gebührt. Weil die Architektur der Gründer- oder wilhelminischen Zeit aber auch heute noch von vielen als überladen und klobig kritisiert wird, werden die historisierenden – an vorherigen Stilepochen ausgerichteten – Entwürfe des rheinischen Baumeisters oft zu wenig gewürdigt. Dabei war die Spannbreite seines Schaffens enorm (↗ Landtag in Bd. Potsdam und Umgebung). Einige seiner Bauten sind über Deutschland und Europa hinaus bekannt, so die Kaiser-Wilhelm-Gedächtnis-Kirche in Berlin (1891–95), der Anhalter Bahnhof (1875–80, ebenfalls Berlin) und die Hohenzollernbrücke über den Rhein in Köln. Leider wurden viele seiner Bauten im Zweiten Weltkrieg beschädigt oder zerstört. Schwechten starb einen Tag vor seinem 83. Geburtstag in Berlin. Seine Grabstätte findet man auf dem Evangelischen Friedhof Alt-Schöneberg in Berlin-Schöneberg.

Brachymedial-Fernrohr
Schulhof der Bruno-H.-Bürgel-Schule
Bruno-Baum-Ring 26
Besichtigung an Schultagen oder nach Anmeldung beim Fremdenverkehrsverband Westhavelland

Eine Sehenswürdigkeit, die das Erbe Rathenows als Ort der Optik bis in unsere Tage wach hält, findet man auf dem Schulhof der Bruno-H.-Bürgel-Schule im Osten Rathenows: das *Brachymedial-Fernrohr*. „Brachy" steht dabei für verkürzt und „medial" für ein Mittelding zwischen einem reinen Spiegel- und einem Linsenfernrohr. Der Rathenower Ingenieur Edwin Rolf konstruierte den dreizehn Tonnen schweren Sternengucker in den von Mangel gezeichneten Nachkriegsjahren 1949–53. Das über dreizehn Meter hohe Instrument arbeitet mit einer 105-fachen Vergrößerungsleistung und ist damit das weltweit imposanteste seiner Art.

Duncker-Denkmal

Nicht weit davon entfernt, mitten auf dem Bahnhofsvorplatz haben die Rathenower dem größten Sohn ihrer Stadt ein *Denkmal* gesetzt. Es ist Johann Heinrich August Duncker, der in Form einer Büste das nach ihm benannte Halbrund vervollkommnet. Geschaffen wurde die Figur bereits 1885. Sie schmückte verschiedene Punkte der Stadt, bis sie 1936 vor dem Bahnhof ihren jetzigen Standort zugewiesen bekam.

Kreismuseum Rathenow
Rhinower Straße 19 d
14712 Rathenow
Fon u. Fax (033 85) 51 26 81

Über eine ansehnliche Sammlung optischer Geräte verfügt das Rathenower Kreismuseum. Da das Museum zurzeit keine eigenen Räume hat, zeigt man Teile des Fundus' anlässlich einer Ausstellung im Kreishaus. Nähere Informationen erteilt die Museumsverwaltung in der Rhinower Straße.

Joachim Christian Blum – Lyriker mit Leidenschaft

1739 in Rathenow geboren, 1790 dort gestorben und begraben. Er blieb seiner Heimat treu, wenngleich der Lebenslauf des Romantikers einige Stationen aufweist, die das Verbleiben in Rathenow erklären. Mit fünf Jahren kam es zu einem Unfall, bei dem ihn ein betrunkener Reiter schwer verletzte. Gesundheitlich sollte Blum dieses Ereignis Zeit seines Lebens begleiten. In Frankfurt (Oder) studierte er Philosophie. Er fand rasch zur Dichtung und schon mit 26 veröffentlichte er seinen ersten Gedichtband, dem weitere folgten. Bedeutendes Werk ist sein Deutsches Sprichwörterbuch. Vor allem diese Arbeit lässt die Freundschaft zu von Rochow, dem Schulreformer aus Reckahn (↗), als Geistesverwandtschaft erscheinen. Blums Gesamtwerk spiegelt das Aufklärerische in der friderícianischen Zeit, schwankt zwischen großen Gefühlen und rationalem Gedankengut. Großen Einfluss übte die stille Havellandschaft seiner Heimat auf seine Schriften aus. Mitte vierzig, heiratete er Dorothea Charlotte Gilbert aus Berlin. Fünf Jahre später starb Blum. Das Grabhäuschen des Poeten steht auf dem evangelischen Friedhof südlich vom Stadthafen.

An meine Freunde

Klagt ihr, dass des Jahres Frühling
Allzuschnell verblüht?
Kehrt er doch mit neuen Freuden
Immerfort zurück.

Klaget, dass des Lebens Frühling
Allzuschnell verblüht!
Denn der kehrt, ist er vergangen,
Ewig nicht zurück.

Joachim Christian Blum

Die Umgebung Rathenows bietet etliche Ausflugsziele. Noch innerhalb der Stadtgrenzen liegt der *Wolzensee*, die Badewanne Rathenows – vorausgesetzt das Freibad wird wieder geöffnet, es ist zurzeit geschlossen. Der See ragt in den Stadtwald hinein und bildet mit diesem das Naherholungsgebiet der Havelstädter.

Etwa sechs Kilometer nördlich von Rathenow erstreckt sich auf einer Länge von 8,5 Kilometer das Doppelgewässer *Hohennauener See/Ferchesarer See*. Seit Jahrzehnten ist diese Gegend ein belebtes und beliebtes Ausflugsgebiet. Die Dörfer am Ufer, vor allem Semlin, Ferchesar, Wassersuppe und Hohennauen, ziehen alljährlich im Sommer zahllose Gäste an – sei es zum Baden, zum Segeln und Surfen, zum Tretbootfahren oder einfach nur zum Wandern und Naturgenießen.

Informationen zum Hohennauener See
s. Rathenow: Fremdenverkehrsverband Westhavelland e. V.

Segelboote auf dem Hohennauener See

Kirche in Semlin

In den letzten Jahren hat sich ganz besonders das kleine **Semlin** zum Besuchermagneten entwickelt. Nur wenige Dörfer in Brandenburg verfügen über ein derart weitgefächertes Angebot an Gastronomie und Hotellerie. Die Lage am Südufer des Hohennauener Sees tut ihr Übriges, um Semlins Ruf als märkischer Badeort zu festigen. Eine Seebrücke ist nicht nur Anleger für die Fahrgastschifffahrt (Reederei Bolz ↗ Rathenow), von hier aus weitet sich der Blick über die Wasserfläche des Sees und das gegenüberliegende Ufer – ein schöner Ort zum Verweilen. Mittelpunkt Semlins ist die schmucke *Fachwerkkirche*, ein malerischer Bau aus dem 18. Jh.

In **Ferchesar** bestimmt der See wegen seiner geringen Breite nicht so deutlich die Szenerie. Dafür geht es hier auch ruhiger zu als in Semlin. Das Dorf ist guter Ausgangspunkt für (Rad)Wanderungen in das Waldgebiet der Ferchesarer-Lochower Heide, etwa zum Trintsee (2 km östlich) oder nach Lochow am Lochower See (3,5 km nördlich).

Wassersuppe wird bereits dem Ländchen Rhinow zugerechnet. Es ist nicht ganz so neuzeitlich wie Semlin, besitzt aber auch eine kleine *Seepromenade* – Garant für gute Aussichten über den See und entspannte Minuten am Wasser.

Gaststätte in Semlin

Seenrundwanderweg Hohennauener/Ferchesarer See: ca. 23 km (Karte S. 104)

Ein Wanderweg um den eiszeitlichen Rinnensee herum verbindet die einzelnen Orte miteinander und führt immer wieder ans Ufer heran. Einen ganzen Tag muss man für diese gut ausgeschilderte Tour fest einplanen, zumal im Sommer, wenn man sich zwischendurch an einer der zahlreichen Badestellen erfrischen kann.

Amt Premnitz
Liebigstraße 42, 14727 Premnitz
Fon (033 86) 2590
Fax (033 86) 9259111
www.premnitz.de

Fit-Point, mit Freibad und angeschlossenem Fitness-Bereich.
Fon (033 86) 210 730

Wer von Rathenow aus der Bundesstraße 102 nach Süden folgt, kommt nach etwa acht Kilometern in die Industriestadt **Premnitz**. Um die Jahrhundertwende zum 20. Jh. ein Dorf von nicht einmal 700 Einwohnern, ist Premnitz durch die Ansiedlung von Industrie ab dem Ersten Weltkrieg in großem Umfang erweitert worden. Für den Touristen mag der 1962 mit Stadtrechten versehene Ort nur wenig Interessantes bieten, industriegeschichtlich erzählt Premnitz einen Lebenslauf, der von Ziegelproduktion, Pulverfabrik und Kunstfasern handelt.

MILOW

Wechseln wir auf die linke Havelseite. Milow, das große Dorf am Zusammenfluss von Havel und Stremme, ist von seiner Geschichte her eigentlich ein Ort im Jerichower Land, so wie das gesamte Gebiet westlich der Havel zwischen Pritzerbe und Strodehne. Durch die Gebietsreform in den 1950er-Jahren kam der Landstrich mit Milow zum Landkreis Rathenow und damit zum heutigen Havelland.

Das Jerichower Land unterstand im Mittelalter dem Erzbistum Magdeburg, das – nun als weltliches Herzogtum Magdeburg – als Folge des 30-jährigen Krieges 1680 an Brandenburg fiel. Das Erzbistum war es auch, das Milow als Grenzbefestigung nutzte und ausbaute. Von der mittelalterlichen Burg, die im Winkel von Havel und Stremme lag, sind noch Reste eines romanischen (leider nicht zugänglichen) Kellergewölbes vorhanden. Darüber breitet sich ein *Gutshof* aus mit Gebäuden aus dem 18. und 19. Jh. Zukünftig werden hier Wasserwanderer einen Anlaufpunkt haben.

Bedeutende Sehenswürdigkeit in Milow ist die *Dorfkirche* unweit der Havel. Obwohl dicht umlagert von alten Bäumen, ist das regelmäßige Fachwerk nicht zu übersehen. Schon um das Jahr 1700 gelang den Milowern mit ihrer Kirche ein besonders malerisches Kunstwerk der Sakralbaukunst. Im Innern versetzt das Gebäude jeden Besucher ins Schwärmen. Die über und über mit singenden und musizierenden Engeln bemalte Holzdecke im Mittelschiff ist, in Gemeinschaft mit barocker Kanzel, Altar und Empore, kunstvoller Beleg für die reiche protestantische Kirchengeschichte Brandenburgs. Ein Wappenepitaph erinnert an Arndt Heinrich von Tresckow, einem 1664 im nahen Schlagenthin geborenen Adelsherren. Er wurde gerade mal 25 Jahre alt, 1689 bereitete eine Gewehrkugel seinem Leben ein Ende. Die Teilnahme an der Belagerung der Stadt Bonn durch die Reichstruppen unter Führung Kurfürst Friedrichs III. von Brandenburg wurde ihm zum Verhängnis. Der Name Tres(c)kow taucht im Jerichower Land häufig auf. Das Geschlecht verfügte dort in früheren Zeiten über große Besitzungen.

In der Friedensstraße 21 steht die als Sommersitz errichtete *Villa von Carl Bolle,* der mit seiner Idee, Milch mit Pferdegespannen an die Berliner zu liefern, berühmt wurde. Das Haus entstand 1882 nach seinen eigenen Plänen. Weil die Ehefrau Carl Bolles aber gesundheitlich angeschlagen war, wurde die Villa kaum ihrer Bestimmung gemäß genutzt. 1927 ist der stilsichere Gründerzeitbau an die Gemeinde Milow veräußert worden. Heute dient das einstige Bolle-Domizil als Jugendherberge.

Dorfkirche Milow

Amt Milow
Friedensstraße 86
14715 Milow
Fon (033 86) 2709-0
Fax -2709 30
E-Mail: amt-milow@t-online.de
www.amtmilow.de
Touristische Informationen :
siehe Rathenow

Veranstaltungen in Milow:
3. Wochenende im August
Sommerfest mit Havelstafette
2. Adventssonntag Weihnachtsmarkt

Dorfkirche Milow
Ev. Pfarramt
Ernst-Thälmann-Straße 3
14715 Milow
Fon u. Fax (033 86) 280 310
Gottesdienst: 14-tägig 10.30 Uhr

Havel bei Milow

Carl Andreas Julius Bolle – der Milower Milch-Magnat

Geboren in Milow 1832, gestorben in Berlin 1910 – zwischen diesen Daten breitet sich ein Leben aus, das eine typische Erfolgsgeschichte des 19. Jh.s ist. Carl Bolle war eigentlich Maurer und Baumschulenbesitzer, was ihn aber nicht davon abhielt, ins Milchgeschäft einzusteigen. Mit fünfzig gründete er eine Firma, die sich zum Ziel setzte, alle Berliner mit frischer Milch zu versorgen. Bald schon zogen die ersten Kutschwagen mit der begehrten Ware aus, und was anfänglich von manchem Berliner skeptisch beäugt wurde, entwickelte sich rasch zum Renner. 1891 arbeiteten bereits 700 Menschen für die Meierei im Berliner Stadtteil Moabit, 1900 waren es schon 2.000. Zahllose Haltestellen in allen Kiezen der Reichshauptstadt wurden zu festen Zeiten angefahren – ein Prinzip, das eine Marktlücke füllte und die Mägen der Berliner mit Milch. Bolle trug dazu bei, dass die Kindersterblichkeit zurückging, nicht nur, weil sich die Ernährungslage durch seinen Service verbesserte, auch weil die ab 1884 gelieferte Kindermilch in gut verschlossenen Flaschen sauberer und keimfreier war.

Carl Bolles Söhne verkauften das Unternehmen 1917 an einen Neußer Industriellen. Der Name Bolle aber blieb im Berliner Stadtbild erhalten, auch nach Zweitem Weltkrieg und mehrmaligem Eigentümerwechsel – inzwischen zur Lebensmittelkette avanciert.

Bergab ging es mit Bolle erst ab den 1980er-Jahren, bis schließlich der Schriftzug in den 1990ern scheinbar ein für allemal verschwand. Wüsste Carl Bolle, um sein Erbe, er drehte sich gewiss im Grabe herum, auf dem alten evangelischen St. Matthäus-Friedhof in Berlin-Schöneberg.

Sprachlich ist der Milch-Magnat aus Milow uns bis heute präsent. „Frech wie Bolle“ kommt einem manches Berliner Gör daher und wer kennt nicht den Gassenhauer „Aber dennoch hat sich Bolle janz kräftig amüsiert“... schließlich die Milchmädchenrechnung, die wir einem bolleschen Milchmädchen aus dem Spreewald verdanken, das mit Kopfrechnen nur wenig im Sinn hatte. Und der Bollerwagen? Sicher, den wollen wir ebenfalls nicht vergessen – darin kauernd sind vielleicht auch Sie, lieber Leser, als Kind schon von Ihrem großen Bruder durch Ihre Straße gezogen worden. Inzwischen gibt es sogar wieder Läden mit dem Bolle-Schriftzug in Berlin – mit dem traditionsreichen Namen lässt sich in den modernen Zeiten heute möglicherweise ja noch immer gutes Geld verdienen.

Ehemalige Villa Bolle in Milow, heute Jugendherberge

Jugendherberge Milow
Friedensstraße 21
14715 Milow
Fon (033 86) 28 03 61
Fax -28 03 69

Leopoldsburger Kirche in Milow

Weiter südlich findet man in Milow eine zweite *Kirche*. Lange Zeit dem Verfall preisgegeben – musste man sich in den 1990er-Jahren entscheiden: Abriss oder die Suche nach neuen Eigentümern. Man wählte die zweite Lösung und fand sie in der regionalen Sparkasse. Das Geldinstitut rettete das barocke Haus vor dem endgültigen Niedergang, sanierte es und brachte eine Filiale darin unter. Die so genannte Leopoldsburger Kirche wurde 1755–70 von Moritz von Anhalt-Dessau als Bethaus für das Kolonistendorf Leopoldsburg in Auftrag gegeben, einem Ort, der heute zu Milow gehört. Dem einen oder anderen mag die unchristliche Nutzung ein Dorn im Auge sein – besser als der unwiederbringliche Verlust eines Kulturdenkmals aber ist diese Vorgehensweise allemal.

Radroute vom Bahnhof Großwudicke über Milow zum Bahnhof Pritzerbe: ca. 36 km (Karte S. 104/88)

Südlich des Bahnhofs Großwudicke führt uns die Route zum etwa einen Kilometer entfernten Kreuzungspunkt mit der Bundesstraße 188. Wir überqueren die Straße und sind wenig später in **Kleinbuckow**. Hier erreichen wir die *Zollchower Heide*, ein touristisch erst wenig erschlossenes Waldgebiet. Etwa anderthalb Kilometer nachdem wir Kleinbuckow hinter uns gelassen haben, zweigt ein Weg nach Osten ab.

Naturschutzgebiet Großes Fenn bei Böhne

Die eiszeitlichen Moränenhügel der *Kattenberge* liegen vor uns. Auf einem Plattenweg gilt es jetzt, etwa 20 Höhenmeter zu überwinden. Wir kommen zu der kleinen Siedlung **Böhnsche Schäferei** am *Naturschutzgebiet Großes Fenn*. Es lohnt sich, rechts abzubiegen, um das 1995 unter Schutz gestellte Moor- und Waldgebiet entlangzufahren. Das Fenn ist ein Relikt der letzten Eiszeit und wird zu den Toteislöchern gerechnet (zu Toteislöcher ↗ Bd. Das Ruppiner Land S. 64)

Nach etwa zwei Kilometern geht es links, zunächst noch von Wald begleitet, zur Straße Böhnsche Schäferei-Böhne, in die wir rechts einbiegen. Wenig später in **Böhne** biegen wir erneut rechts ab auf ein Stück stärker befahrene Landstraße.

Havelidyll in Bützer

In **Bützer** kommen wir an die Havel. Der Fluss markiert still dahingleitend das östliche Ende des Dorfes. Schön ist die bützersche Dorfkirche, in großen Teilen ein spätromanischer Bau aus dem 13. Jh. Es geht durch die Auen des Flüsschens Stremme und wenig später liegt Milow vor uns. Links die Hauptstraße entlang ein kleiner Abstecher zum Gutskomplex und zur Havel. Ein guter Platz für eine Rast. Zurück in Richtung Süden geht es nacheinander an der Fachwerkkirche, der „Bolle"-Jugendherberge und schließlich der ehemaligen Leopoldsburger Kirche vorbei, alles auf der rechten Seite gelegen. Die Landstraße bringt uns nach **Marquede**. Kurz vorher kann man nach links einen Abstecher zu den *Marqueder Erdlöchern* machen und ein Bad in einem der Teiche nehmen. Weiter nach **Jerchel**, wo wir links abbiegen. Jetzt geht es etwa 3,5 km in nordöstliche Richtung durch das flache Wiesenvorland südlich der Havel. Dann ein scharfer Rechtsknick, der uns zum zwei Kilometer entfernten Haveldorf **Bahnitz** bringt. Ein Stück die Havel entlang, dann wieder zurück nach Bahnitz. Jetzt führt uns die Route ins südlich gelegene **Möthlitz**, ein schmuckes Dorf mit einer kleinen sanierten *Dorfkirche* aus der Zeit nach dem 30-jährigen Krieg, im 19. und 20. Jh. teilweise verändert. Ein ausgebauter Plattenweg bringt uns nach Kützkow. Hier wartet eine *Fähre*, von der wir uns ans rechte Ufer bringen lassen – in das Städtchen Pritzerbe. Der Bahnhof liegt nördlich der Stadt rechts der Straße nach Premnitz.

Dorfstraße in Möthlitz

Nordwestlich von Rathenow laden einige stille Orte zu entspanntem Verweilen ein – am südlichen Havelufer etwa das beschauliche Dörfchen **Grütz**. Die Straße endet hier, sodass kein Durchgangsverkehr die Ruhe stört.

Storchennest in Grütz

Durch die waldreiche Hügellandschaft des Landes Schollene führt eine Straße von Steckelsdorf in Brandenburg nach Schollene im sachsen-anhaltinischen Landkreis Stendal. Das **Land Schollene**, zwischen Havel und Elbe gelegen, ist wie die Ländchen Rhinow, Friesack und Bellin eine eiszeitliche Moränenlandschaft. Es reicht von den 110 Meter hohen Rehberger Bergen westlich des Gülper Sees bis zu den 86 Meter hohen Vieritzer Bergen bei Milow. Weite Gebiete zwischen Schollene und Großwudicke sind als militärisches Sperrgebiet ausgewiesen und damit leider nicht zugänglich. Rund um Schollene kann man sich aber ganz unbeschwert den natürlichen Schönheiten dieses Landstrichs zuwenden. Die Havelauen stehen unter Naturschutz und bieten Lebensraum für eine artenreiche Tier- und Pflanzenwelt – genau wie die Schutzgebiete des brandenburgischen Naturparks Westhavelland, der am anderen Ufer beginnt.

Westlich von Schollene lockt das *Naturschutzgebiet Schollener See*. Die ufernahe Verlandungszone mit ihrem dichten Röhrichtbestand ist besonders für Vogelkundler interessant. Südlich der Straße von Schollene nach Ferchels bietet sich oberhalb ein schöner *Aussichtspunkt*, von dem aus man die Verlandungszonen- und -inseln gut im Blick hat. In der Nordostecke des Sees, nahe Schollene gibt es eine öffentliche *Badestelle*.

Vom Grund des Gewässers wird seit 1920 Heilschlamm gefördert, so genannte Pelose. Die etwa 16 Meter dicke Bodenschicht aus Grün- und Kieselalgen, von der man im Jahr etwa tausendfünfhundert Tonnen zu Tage fördert, konnte sich in den Jahrtausenden nach der letzten Eiszeit herausbilden. Pelose findet, ähnlich Fango, in den verschiedensten medizinischen Bereichen Anwendung, so in der Dermatologie, Rheumatologie oder bei Sportverletzungen.

Schollene hat zusammen mit seinen Ortsteilen etwa 1.400 Einwohner. Bedeutendstes Bauwerk ist das barocke *Gutshaus* von 1752, in Auftrag gegeben von Friedrich Wilhelm von Printzen. Marquardt Ludwig von Printzen hatte die Herrschaft Schollene knapp drei Jahrzehnte zuvor erworben, der gleiche Adelsherr, dem das Dorf Marquardt bei Ketzin seinen Namen verdankt (↗). Die Familie von Alvensleben, ab 1860 Eigentümer der Schollener Dreiflügelanlage, wurde nach dem Zweiten Weltkrieg enteignet. Heute beherbergt das stattliche Haus ein Altenheim.

Südlich von Schollene, das Dorf **Neuschollene** in Sichtweite, steht östlich der Straße ein hölzerner *Aussichtsturm*. Der Ausguck öffnet sich nach Osten in Richtung Havelauen. Der Fluss ist zwar nicht zu sehen, stattdessen aber im Frühjahr/Herbst, zur Zeit des Vogelzuges, zahlreiche gefiederte Gäste, die sich das Feuchtgebiet als Rastplatz zunutze machen (Fernglas!).

Informationstafel im Naturschutzgebiet Schollener See

Havelauen bei Schollene

Gemeindeverwaltung Schollene
August-Bebel-Straße 13
14715 Schollene
Fon u. Fax (03 93 89) 232
E-Mail: info@schollene-land.de
www.schollene-land.de

Blick vom Aussichtsturm

Neumolkenberg
Nierower oder Schollener See
NSG
Neuwartensleben
Schollene
Parey
Naturschutzgebiet Untere Havel Nord
Hohennauensches Bruch
Ferchels
Grütz
Havel
Karlsthal
Neuschollene
Land Schollene
Sachsen-Anhalt
67 Weißer Berg
Eichberg 73
Göttlin
Hohengöhrener Heide
Steckelsdorfer Forst
Ausbau Schliepengraben
Großwudicker Forst
Schönhauser Heide
Steckelsdorf
Neue Schleuse
Kleinwudicke
Großwudicke
Buckow
Steckelsdorf Ausbau
62 Weinberg
188
Kleinbuckow
Möthlowshof
Wilhelminenhof
78 Kattenberge
Ludwigshof
Wuster Schäferei
Böhnsche Schäferei
Zollchower Heide
Böhne
67 Großer Eichelberg
NSG Großes Fenn
Schmetzdorf
Königsgraben
Bützer
Zollchow
Kietz
Sydow
Vieritz
Wolfsmühle
Milow
Vieritzer Berg 85

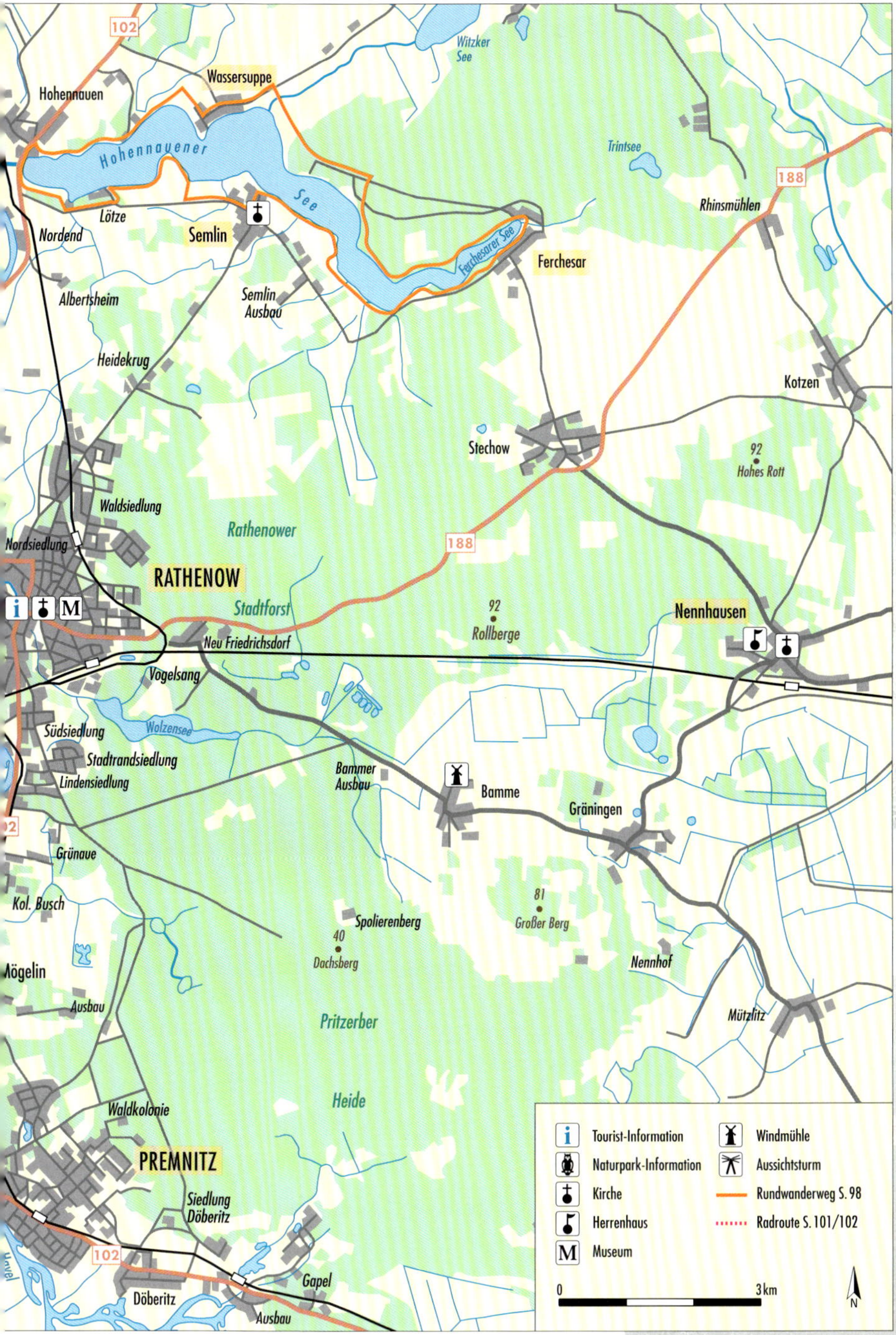
102
Hohennauen
Wassersuppe
Witzker See
Hohennauener See
Trintsee
188
Rhinsmühlen
Lötze
Nordend
Semlin
Ferchesarer See
Ferchesar
Albertsheim
Semlin Ausbau
Heidekrug
Kotzen
Stechow
92
Hohes Rott
Waldsiedlung
Rathenower
188
Nordsiedlung
RATHENOW
Stadtforst
92
Rollberge
Nennhausen
Neu Friedrichsdorf
Vogelsang
Wolzensee
Südsiedlung
Stadtrandsiedlung
Lindensiedlung
Bammer Ausbau
Bamme
Gräningen
Grünaue
Kol. Busch
81
Großer Berg
Spolierenberg
40
Dachsberg
Nennhof
Mögelin
Ausbau
Pritzerber
Mützlitz
Heide
Waldkolonie
PREMNITZ
Siedlung Döberitz
102
Döberitz
Gapel
Ausbau
Havel
Tourist-Information
Naturpark-Information
Kirche
Herrenhaus
Museum
Windmühle
Aussichtsturm
Rundwanderweg S. 98
Radroute S. 101/102
0
3 km
N

NATURPARK WESTHAVELLAND

Naturparkverwaltung
Westhavelland
Dorfstraße 5
14715 Parey
Fon (03 38 72) 74 30
Fax -74 312
Naturwacht auf dem Gelände
Fon (03 38 72) 70 025
Öffnungszeiten:
Mo–Fr 9.00–15.00 Uhr

Kampfläufer, Wappenvogel des Naturparks

Mit einer Gesamtfläche von cirka 1.315 km² ist der Naturpark Westhavelland das größte der fünfzehn Großschutzgebiete im Land Brandenburg. Die offizielle Broschüre des Brandenburger Umweltministeriums spricht davon, dass sich dem Besucher die Liebe zum Naturpark vielleicht erst auf den zweiten Blick erschließt. Damit aber stellt man das Licht dieses weiten Landstrichs womöglich ein wenig unter den Scheffel, denn es gibt so viele schöne Plätze zwischen Neustadt (Dosse) und Brandenburg a. d. Havel, zwischen Friesack und Strodehne, bei denen schon der erste Blick ausreicht, dieser Landschaft zu verfallen. Dazu bedarf es keiner ausgedehnten Bootstour auf der Havel – auch der Wanderer, zu Fuß oder mit dem Rad, wird von der Natur und ihren mannigfaltigen Formen angetan sein. Natürlich tritt Wasser als einer der Hauptakteure auf der Naturpark-Bühne in Erscheinung, auch wenn die Havel und ihre Seen, die Flüsse Rhin und Dosse, der Havelländische Große Hauptkanal und die vielen kleinen Entwässerungsgräben nur etwa vier Prozent der Fläche beanspruchen – die Siedlungsfläche nimmt gerade mal drei Prozent ein und tritt damit innerhalb der verschiedenen Nutzungen in die letzte Reihe zurück, deutlich übertroffen von Grünland (32 %), Äckern (23 %) und Wäldern (38 %).

Weite Gebiete, insbesondere beiderseits der Unterhavel zwischen Pritzerbe und Strodehne, an Dosse, Jäglitz und Rhin und im östlichen Naturpark zwischen Nennhausen und Möthlow, hat man unter Schutz gestellt. Vor allem hier ist der Artenreichtum beeindruckend. Über 700 in ihrem Bestand bedrohte Tierarten leben im Naturpark, nicht zu vergessen die Pflanzenwelt, deren besonderes Schutzbedürfnis bei etwa 250 Arten erkannt worden ist.

Graugänse

Auch wenn der Mensch große Teile des westlichen Havellandes in den vergangenen Jahrhunderten zur Urbarmachung trockengelegt hat, so sind doch weite Bereiche als ökologisch wertvolle Feuchtgebiete erhalten geblieben. Die Schutzgebiete in der „Unteren Havelniederung" innerhalb des Naturparks zwischen Pritzerbe und der Prignitzstadt Havelberg sind im Verbund das bedeutendste und größte zusammenhängende Feuchtgebiet im Binnenland des westlichen Mitteleuropas. Das ganze Jahr über lässt sich hier eine faszinierende Tierwelt beobachten, die man so inmitten eines zivilisatorisch hoch entwickelten Landes, wie Deutschland es ist, kaum erwartet. Vor allem in den Zeiten des Vogelzuges, im Frühjahr und Herbst, wenn sich Kraniche und Wildgänse in großer Zahl einfinden, wird die hochrangige Stellung des Naturparks Westhavelland im Rahmen des europäischen Naturschutzes offenbar.

Witzker Fischer

Nicht einmal sechzig Menschen leben innerhalb der Schutzgebietsgrenzen auf dem Quadratkilometer. Es ist also Platz genug da, dass beide, Natur und Mensch, sich entfalten können.

Beispielhaft für die verschiedenen Nutzungen sind der Gülper und der Hohennauener See. Am Gülper See verharrt der Mensch im Hintergrund, bleibt die Natur sich weitgehend selbst überlassen. Die Ufer sind größtenteils gesperrt, die Vögel sind Herr über ihr eigenes Reich. Ganz anders der Hohennauener See, an dessen Rand die Dörfer von den Erholung suchenden Städtern profitieren. Hohennauen, Semlin, Wassersuppe und Ferchesar ziehen jedes Jahr mehr Touristen an. Der See ist für Motor- und Segelboote freigegeben. Badestellen, Bootsverleih, Campingplätze, Hotels und Gaststätten – der Mensch kommt auf seine Kosten. Aber letztlich tut er das auch an so stillen Orten wie dem Gülper See, auf den Aussichtstürmen im Naturschutzgebiet „Havelländisches Luch" oder bei einer Wanderung im Bagower Bruch, denn die Reize der unberührten Natur stellen manches Mal das vordergründig Spektakuläre in den Schatten. Wer sich nicht auf eigene Faust an die Entdeckung des Naturparks machen möchte, kann dies mithilfe der Naturwacht tun. Vom Frühjahr bis zum Herbst laden deren Mitarbeiter zu Führungen ein, bei denen das umfassende Wissen der Naturwacht dem interessierten Naturfreund vermittelt wird. Außerdem zeigt eine kleine Ausstellung im Naturparkzentrum in Parey Aufschlussreiches über das natürliche Zusammenspiel in den wohltuenden Weiten des Naturparks Westhavelland.

Die seichten Ufer des Gülper Sees sind ein bevorzugter Aufenthaltsort rastender Graugänse (im Vordergrund Galloway-Rinder als Biotoppfleger).

DAS LÄNDCHEN RHINOW

Die Mark Brandenburg im Kleinformat

Wer sich ins Ländchen Rhinow aufmacht, ganz im Nordwesten des Havellandes gelegen und zur Gänze Teil des Naturparks Westhavelland, findet alles vor, was das Land Brandenburg in seiner Gesamtheit auszeichnet: stille Landschaften, hier und dort ein paar Hügel, klare Flüsse und Seen, ursprüngliche Dörfer und eine Natur, die Pflanzen- und Tierliebhabern viel Raum und Muße für Beobachtungen und sonstige Erkundungen bietet. Und mittendrin das beschauliche Hauptstädtchen des Landes, Rhinow.
Der Landstrich zwischen Havel und Dosse bildet im nördlichen Havelland mit den Ländchen Friesack, Bellin und Glien eine Kette kleiner eiszeitlicher Moränenzüge, die als seichte trockene Erhebungen schon früh für menschliche Besiedlung genutzt wurden. Um etliche Quadratkilometer erweitert, zählt man heute zum Ländchen Rhinow auch die tiefer gelegenen Gebiete rund um das eigentliche Ländchen mit dem immerhin 109 Meter hohen Gollenberg, an dessen Hängen 1896 der Flugpionier Otto Lilienthal abstürzte. Das Dörfchen Stölln steht noch immer ganz im Zeichen der Ereignisse vor über hundert Jahren, vom Gasthof „Zum 1. Flieger" bis zur Iljuschin 68 „Lady Agnes", die uns unverhofft mitten im bodenständigen Rhinower Land vor Augen führt, dass der Traum vom Fliegen wahr geworden ist.
Beginnen wir aber unsere Reise durch das nordwestliche Havelland im Städtchen Rhinow, das sich – wie das benachbarte Stölln – wegen seiner zentralen Lage am besten als Ausgangspunkt für Wander- und Radwandertouren eignet.
Die Zugverbindungen nach Rhinow, Großderschau, Spaatz und Hohennauen sind gut. Von Berlin dauert die Fahrt über Neustadt (Dosse) oder Rathenow etwa anderthalb, von Magdeburg über Stendal und Rathenow zwei Stunden.

Blick vom Gollenberg nach Norden in die Rhinebene

Pfarrkirche Rhinow

RHINOW

Wie eine Stadt möchte dem Besucher das gut 2.100 Einwohner zählende Rhinow nicht vorkommen, doch bereits ein gutes Jahrhundert nach seiner Ersterwähnung als „Rinowe" (1216) wurde es mit dem lateinischen Begriff „oppidum" belegt. Es gab eine Burg und wohl auch eine bescheidene Befestigung, beides ging aber schon bald verloren. Probleme hatten die Rhinower, die zumeist Ackerbürger waren, von Zeit zu Zeit mit militärischen Durchmärschen und Zerstörungen, so 1636, als im 30-jährigen Krieg die Schweden plündernd durch die Straßen zogen. Naturgewalten brachten ebenfalls gelegentlich Ungemach über die Menschen. Die etwas erhöhte Lage am Nordwesthang der Rhinower Berge gewährte zwar etwas Schutz, das niedrig gelegene Rhinluch vor der Haustür lief aber hin und wieder mit Wasser voll, Häuser und Rhinower bekamen nasse Füße. Trockenlegung und Flussregulierung haben dazu geführt, dass Überschwemmungen inzwischen der Vergangenheit angehören.

Rhinows Hauptsehenswürdigkeit kann man nicht sehen, sondern eher spüren: Kleinstadtidylle. Und das, obwohl es an einem wichtigen Kreuzungspunkt zweier Straßen liegt, der B 102 Rathenow-Neustadt (Dosse) und der Verbindung von der B 5 bei Friesack in die Prignitzstadt Havelberg. An der breiten baumbestandenen angerartigen Hauptstraße reihen sich die Häuser aneinander. Nicht zu übersehen ist die *Pfarrkirche* am Marktplatz mit ihrem wuchtigen weiß verputzten Turm. Beim 1734–45 vollkommen umgestalteten Gotteshaus blieb mit dem Feldsteinsockel ein kleiner Teil des Vorgängers, einer mittelalterlichen Wehrkirche aus der Zeit um 1300, erhalten. An den Außenwänden sind einige Epitaphplatten derer von der Hagen angebracht, die ab dem 15. Jh. über Rhinow und Umgebung walteten. Innen findet man über einem der zwei Portale noch das Wappen dieses Geschlechts, vis à-vis über dem anderen Eingang das Stadtwappen

Amt Rhinow
Lilienthalstraße 3
14728 Rhinow
Fon (03 38 75) 366-0
Fax -366 66
www.rhinow.de
Veranstaltung in Rhinow:
Wochenende nach Pfingsten
Bergfest

Pfarrhaus

Stadtkirche Rhinow
Beim Pfarramt melden
oder vorher Termin vereinbaren
Evangelisches Pfarramt
Marktplatz 6, 14728 Rhinow
Fon (03 38 75) 304 01
Gottesdienst: So 10.15 Uhr

Rhinkanal bei Neugarz

Rhinows. Die Kirche ist recht schlicht. Dominiert wird der Raumeindruck von eingeschossigen Emporen und dem Kanzelaltar, beides aus der Umbauzeit im 18. Jh. Die 1848 eingebaute neogotische Orgel steht im stilistischen Widerspruch zum Rest der Einrichtung. Bemerkenswertestes Ausstattungsstück ist eine im Erdgeschoss des Turms aufgestellte geschnitzte Pieta aus dem frühen 15. Jh.

Wer sich von Rhinow auf den Weg macht, die Umgebung zu erkunden, dem bietet sich in jeder Himmelsrichtung etwas an. Nördlich, in Richtung Neustadt (Dosse), immer entlang der Bundesstraße 102 kommt man nach Überquerung von Rhinkanal und Dosse nach **Großderschau**.

Nicht zu übersehen ist das *Heimat-Haus* mitten im Dorf. Schon auf der Wiese davor lassen historische Gerätschaften auf die museale Nutzung in der Nähe schließen. Das Heimat-Haus hat sich zur Aufgabe gestellt, die Urbarmachung und Besiedlung des unteren Dosse-Rhin-Raums zu dokumentieren und die historische Lebensweise der Menschen sichtbar zu machen.

Das Heimat-Haus organisiert als *Informationspunkt des Naturparks Westhavelland* neben der Dauerausstellung regelmäßige Sonderausstellungen mit landestypischen Themenschwerpunkten sowie für Gruppen Führungen und Fahrten durch die Natur.

Friedrich der Große, machte sich im 18. Jh. um die Trockenlegung von Dossebruch und Rhinluch verdient. Er erweiterte damit sein Preußen friedlich und ohne Krieg und siedelte dort Kolonisten an. Wer Großderschau auf alten Karten finden möchte, sucht vergeblich. Bis nach dem Zweiten Weltkrieg hieß der bis dahin zum Ruppiner Land zählende Ort Friedrichsdorf. Der neue Name geht auf einen Baron von Derschau zurück, der als preußischer Minister die Kolonisation in königlichem Auftrag leitete.

Heimat-Haus Großderschau
Kleinderschauer Straße 1
16845 Großderschau
Fon (03 38 75) 908 10
Öffnungszeiten:
Di–Fr 10.00–16.00 Uhr
Sa–So 13.00–17.00 Uhr
oder nach Voranmeldung
Veranstaltung in Großderschau:
Juni Dosse- und Museumsfest
regelmäßig Kulturveranstaltungen

Großderschau

IL-62 „Lady Agnes“

Östlich von Rhinow liegt das kleine Dörfchen **Stölln**. Der Ort kam zu Berühmtheit, als Otto Lilienthal Ende des 19. Jh.s seine Flugversuche hierher an die Hänge des Gollenberges verlegte. Am Nordhang des Hügels führt ein Weg von einem kleinen Parkplatz an der Straße Rhinow-Friesack über 128 Stufen hinauf zu einem *Stein-Denkmal* (Foto ↗ S. 112).
Ganz andere Ausmaße hat dagegen die Erinnerungsstätte oberhalb des Dorfes. Man glaubt seinen Augen nicht zu trauen, denn da steht auf grüner Wiese ein ausgewachsenes Passagierflugzeug, genauer eine *Iljuschin 62* der abgewickelten ostdeutschen Fluggesellschaft Interflug. Man hat sie nach der Ehefrau Lilienthals benannt – Agnes – ohne deren Lebensbegleitung der Flugpionier womöglich nie als der erste fliegende Mensch in die Geschichte eingegangen wäre. „Lady Agnes“ beherbergt hinter ihrem Blechkleid eine Ausstellung zum Leben Otto Lilienthals. Hochinteressant ist auch ein Videofilm, mit dem die Landung der Iljuschin am Gollenberg für die Nachwelt erhalten ist. Und noch ein Kuriosum: Der Bauch von IL-62 ist nicht nur Museum, wer eine Eheschließung der unkonventionellen Art bevorzugt, kann hier auch heiraten – Lilienthal hätte bestimmt nichts dagegen einzuwenden.
So weit die technischen Errungenschaften des Gollenbergs, ganz anders seine naturbelassene Seite, denn der größte Teil des Berges – etwa 57 Hektar – ist unter Schutz gestellt. Eine Besonderheit hier in der Region sind die ausgedehnten Trockenrasenflächen an den Hängen des Gollenberges mit Pflanzen und Tieren, die sich den kargen Klima- und Bodenverhältnissen angepasst haben.
Ein *Wanderweg* erschließt das Relikt der letzten Eiszeit und man sollte die Besteigung fest in einen Stölln-Besuch einplanen. Es ergeben sich herrliche Blicke über die wellige Landschaft des Ländchen Rhinow und die Rhin- und Dosse-Ebene im Norden. Die Naturwacht des Naturparks Westhavelland führt gelegentlich geführte Wanderungen durch. Die Termine kann man in Parey erfragen (↗ S. 114).

IL-62 „Lady Agnes“
14728 Stölln
Fon (03 38 75) 320 20
Öffnungszeiten:
April bis Okt.
Di – So 10.00 – 18.00 Uhr
Nov. bis März
Sa – So 11.00 – 16.00 Uhr

Veranstaltung in Stölln:
August Otto-Lilienthal-Fest

Auf dem Gollenberg

„Leicht ist es wahrlich uns Menschen nicht gemacht, frei wie der Vogel das Luftreich zu durchmessen. Aber die Sehnsucht danach lässt uns keine Ruhe; ein einziger großer Vogel, welcher über unserm Haupte seine Kreise zieht, erweckt in uns den Wunsch, gleich ihm am Firmament dahinzuschweben."
Otto Lilienthal

Otto Lilienthal (1848–1896)

Der im vorpommerschen Anklam geborene Lilienthal hat als Erster den Beweis erbracht, dass auch Menschen – technisch entsprechend ausgerüstet – fliegen können. Doch der Weg zum bedeutendsten deutschen Flugpionier war lang.
Schon im Alter von vierzehn Jahren setzte der junge Otto, mit Unterstützung seines Bruders Gustav, zu den ersten Flugversuchen an, freilich noch ohne nennenswerten Erfolg. Nach seinem Maschinenbaustudium in Berlin und der Teilnahme am Krieg von 1870/71 arbeitete Lilienthal zunächst als angestellter Konstruktionsingenieur, bis er sich 1881 mit einer Dampfmaschinenmanufaktur selbstständig machte. Der wirtschaftliche Erfolg brachte ihm so viel Geld ein, dass die Finanzierung seiner Flugexperimente fortan gesichert war. Im Sommer 1891 begann Otto Lilienthal mit seinen Flugversuchen am Mühlenberg nahe Derwitz (↗) bei Potsdam. Hier gelang es ihm erstmals, sich – unabhängig von den Windverhältnissen – zwanzig Meter und mehr in der Luft zu halten. Nach weiteren Flugerfolgen bei Steglitz (heute zu Berlin) verlegte der begeisterte Himmelsstürmer seine Versuche an den Gollenberg. Die idealen Wind- und Landschaftsverhältnisse führen dazu, dass Lilienthal im Sommer 1893 erst nach 250 Metern wieder Bodenkontakt hatte – der Durchbruch war geschafft. Doch dann kam der 9. August 1896. Otto Lilienthal stürzte mit seinem Gleiter ab und verletzte sich schwer am dritten Halswirbel. Am Tag darauf, nach einem langwierigen Transport in eine Berliner Klinik, starb der große Flugpionier.

Landschaftsgeografisch beinahe schon Teil des Ländchens Friesack ist **Kleßen** (sprich Kleehsen), zehn Kilometer östlich von Rhinow. Der an seinem südlichen Ufer waldgesäumte *Kleßener See* verfügt über eine schöne Badestelle. Das Dorf, dem der See seinen Namen verdankt, beherbergt eines der schönsten *Gutshäuser* im Havelland. Die Dreiflügelanlage, ein wenig von der Straße zurückgesetzt und höher gelegen, wurde in jüngster Zeit aufwändig saniert. Seit Mitte des 14. Jh.s saß die Friesacker Linie derer von Bredow in Kleßen. Unter deren Ägide entstand in der 2. Hälfte des 18. Jh.s auch das elegante zweigeschossige Schlösschen. Bauliche Veränderungen im 19. Jh. führten schließlich zur heute noch bestehenden schnörkellosen und klaren Architektursprache. Der neue Eigentümer will in den Räumlichkeiten zukünftig ein Kulturleben etablieren und es für private Feste vermieten.

Schloss Kleßen

Schloss Kleßen
Lindenplatz 1, 14728 Kleßen
Information/Besichtigung:
Fon (03 32 35) 29 00 44

Dass das Ländchen Rhinow ein ausgewiesenes Fleckchen Erde für Naturliebhaber ist, wird besonders deutlich, wenn man sich von Rhinow in Richtung Havelberg nach Westen begibt. Eine der schönsten Alleen Brandenburgs führt auf einem flachen Damm über Kietz nach **Strodehne** an der Havel. Bis vor einigen Jahren konnte man den Fluss hier nur mit einer Fähre überqueren, inzwischen wurde sie ausgemustert und durch eine moderne Brücke ersetzt. Am Strodehner Wasserwanderrastplatz fand eine Fähre ihren vorerst letzten Ankerplatz. Strodehne liegt traumhaft malerisch am Ostufer des in großer Ruhe dahinfließenden märkischen Stroms. Die zahlreichen *Backsteinhäuser* im Dorf versprühen eher norddeutschen Charme als ländlich-märkische Bescheidenheit.

Eine schmale Straße führt in die anderthalb Kilometer südlich gelegene Siedlung Gahlbergs Mühle. Eine *Bockwindmühle* gibt es hier tatsächlich, sie wird aber privat genutzt und ist nur von außen zu sehen. Ohnehin

An der Havel in Strodehne

Bei Gahlbergs Mühle am Gülper See

ist es die Landschaft, die diesen Landstrich in so einzigartiger Weise prägt. Bei *Gahlbergs Mühle* mündet der Rhin, nachdem er zuvor den Gülper See gespeist hat, in die Havel. Der *Gülper See* ist Teil des weitläufigen brandenburgischen Naturschutzgebiets „Untere Havel Nord“, das von der Dossemündung nördlich Strodehne bis vor die Tore Rathenows reicht. Die Auenlandschaft und ihre angrenzenden Flachlandzonen zählen zu den bedeutendsten europäischen Feuchtgebieten und sind Lebensraum einer überaus arten- und individuenreichen Tier- und Pflanzenwelt.

Naturparkverwaltung Westhavelland
Dorfstraße 5, 14715 Parey
Fon (03 38 72) 74 30
Fax -74 312
Naturwacht auf dem Gelände
Fon (03 38 72) 70 025
Öffnungszeiten:
Mo–Fr 9.00–15.00 Uhr

Wer mit dem Fahrrad oder zu Fuß an die Rhinmündung gekommen ist, der kann auf einem unbefestigten Weg nördlich des Gülper Sees nach Rhinow zurückkehren. Die Stille ist beeindruckend, allenfalls Vögel und Frösche machen lauthals auf sich aufmerksam. Hier in den Sommermonaten keinen Storch und keinen Fischreiher anzutreffen, ist so gut wie unmöglich.

Im Gegensatz zum nördlichen Ufer des Gülper Sees ist das südliche sehr gut einzusehen, es eignet sich deshalb ganz besonders zur Vogelbeobachtung. Man sollte aber in jedem Fall ein Fernglas dabei haben. Von den zwei hölzernen *Beobachtungstürmen* westlich von Prietzen hat man das Naturschutzgebiet mit dem gesamten See gut im Blick. Links im Hintergrund die Kirche von Strodehne, rechts das Dorf Prietzen. Hier kann man das Naturschauspiel Gülper See in aller Ruhe genießen. Kormorane, Reiher, Graugänse, Enten, verschiedene Seeschwalben und Möwenarten, Watvögel wie Kampfläufer oder Grünschenkel … tummeln sich am Ufer und auf dem Wasser. Mit ein wenig Glück zieht ein Seeadler über den Weiten des Naturparks seine Kreise. Der nährstoffreiche etwa 600 Hektar große Gülper See ist verhältnismäßig flach, seine Durchschnittstiefe beträgt nur anderthalb Meter. Baden kann man hier nicht, der See ist seit 1963 Naturschutzgebiet und die Uferbereiche zum überwiegenden Teil gesperrt.

Graugänse halten familienweise zusammen.

Malerisches Strodehne

Radwanderroute westliches Ländchen Rhinow: ca. 25 km

(Karte S. 116)

Von Rhinow führt die Bundesstraße 102 ein kurzes Stück in Richtung Rathenow. Am Stadtausgang biegen wir rechts ab nach **Prietzen**. Hinter dem Dorf reckt eine historische *Bockwindmühle* ihre Flügel gegen den Wind. An der Mühle beginnt ein *Naturlehrpfad*, der zum nächsten Beobachtungsturm führt. Von diesem Turm wenige hundert Meter weiter westlich lässt sich hervorragend die artenreiche Vogelwelt des Gülper Sees beobachten (↗ S. 114).

Weiter geht es nach **Gülpe**. Bei einer Rast an der Havel genießt man hier eine malerische Flusslandschaft, die einem Bild Caspar David Friedrichs entsprungen zu sein scheint. Eine *Holzbrücke* führt an das jenseitige Ufer (Foto ↗ S. 48).

Wir verlassen das Dorf am Ostufer der Gülper Havel in Richtung **Parey**. Ein guter landwirtschaftlicher Plattenweg bringt uns in das Dorf, in dem die *Naturparkverwaltung* ihren Sitz hat. Eine kleine Ausstellung zeigt Vögel und Säugetiere der Region. Schautafeln vermitteln Wissenswertes über die Natur des Großschutzgebiets. Darüber hinaus liegt Informationsmaterial für den Besucher bereit.

Jetzt geht es weiter in Richtung Hohennauen. Wir queren die flache Wiesenlandschaft des *Hohennauenschen Bruchs*. Nach gut drei Kilometern biegt eine schmale Straße gegenüber dem Havelufer nach links ab. Nach weiteren vier Kilometern erreichen wir die Vorfahrtstraße Wolsier-Spaatz, in die wir rechts einbiegen.

Spaatz besitzt eine hübsche kleine *Feldsteinkirche* aus dem 13. Jh. Hinter dem Gotteshaus links in die Rhinower Straße, zunächst durch die offene Havellandschaft, geht es später durch ein Waldstück, bevor wir am Ende unserer Rundfahrt den Ausgangspunkt Rhinow wieder erreicht haben.

Bockwindmühle bei Prietzen

Feldsteinkirche in Spaatz

DAS LÄNDCHEN FRIESACK

Unentdeckte Beschaulichkeit zwischen Luch und Rhin

Es ist wohl wahr: Da ruht ein stilles Land mit hügeligen Wäldern, sanften Feldern und dahingestreuten malerischen Dörfern mitten im Havelland, und es macht sich kaum ein Mensch auf, sich hier auf Entdeckungsreise zu begeben. Dabei wäre es so leicht, denn das Ländchen Friesack liegt sehr verkehrsgünstig an zwei Bundesstraßen (5 und 188) und der Regionalexpressstrecke der Bahn von Berlin nach Wittenberge. Die Züge aus der Bundeshauptstadt brauchen gerade mal eine Dreiviertelstunde, um nach Friesack zu kommen. Am besten, man hat das Fahrrad mit im Gepäck.

Die Schönheiten der Region verstecken sich im Kleinen und es lohnt sich, die Augen offen zu halten. Wie die anderen Ländchen, Rhinow und Bellin, ist das Friesacker eine Sand- und Geschiebe-Moräne der letzen Eiszeit. Das Gebiet westlich der Bundesstraße 5 und die Stadt Friesack selbst liegen bereits innerhalb der Grenzen des Naturparks Westhavelland. Weite Teile der feuchten Rhinebene nordwestlich von Friesack und die Landschaft rund um den Görner See sind unter Naturschutz gestellt worden.

Höchste Erhebung sind die 78 Meter hohen Buchenberge, die die umliegende Luchlandschaft um etwa fünfzig Meter übertreffen. Wer mit dem Auto anreist, um zu wandern, lässt es am besten in Haage stehen. Von dort erschließt sich das waldreiche Innere des Ländchen Friesack auf einer Rundwanderroute (↗ Karte S. 124). Für die Freunde des Radwanderns haben wir eine Strecke ausgesucht, deren Verlauf auf den Seiten 122/123 beschrieben wird.

Blick nach Senzke

Am Friesacker Marktplatz

FRIESACK

Die Bundesstraße 5 schlägt einen Bogen um die Innenstadt Friesacks, es geht daher recht geruhsam zu in dem Ort, der dem Ländchen seinen Namen geliehen hat. Friesack war seit jeher ein Ackerbürgerstädtchen, das bis heute – trotz seiner zentralen Lage – für die Dörfer der Region nur eine beschränkte Versorgungsfunktion inne hat. Nauen und Rathenow standen stets in Konkurrenz zu Friesack und tun es heute mehr denn je.
Die Zeit der Gründung fiel ins 13. Jh. und so taucht die Stadt im Jahre 1216 erstmals in einem Schriftstück auf, damals als Vrisac. 1327 nannte man den Ort dann zwar schon Stadt, deren Bürger standen aber unter der Herrschaft des ortsansässigen Adels, zumeist derer von Bredow, von 1409–14 durch Kauf derer von Quitzow. Diese machten im Mittelalter vor allem durch ihr Raubrittertum von sich reden (↗ Rühstädt, Kletzke und Eldenburg in Bd. Die Prignitz). Weil Dietrich von Quitzow den ersten Hohenzollern-Regenten in der Mark Brandenburg, Kurfürst Friedrich I., nicht anerkennen wollte, sah der sich gezwungen, mit einem neuartigen Geschütz seine Rolle als Landesherr auch in Friesack durchzusetzen. Selbst der große Karl May hat dieses geschichtliche Ereignis in einem seiner Werke festgehalten. Die Verteidiger konnten der „Faulen Grete", wie die markgräfliche Riesenwaffe genannt wurde, nur wenig entgegensetzen. Die Burg war am Ende der Auseinandersetzung schwer ramponiert und verschwand später gänzlich von der Bildfläche. Nur einige Straßennamen halten heute die Erinnerung an die stattliche Befestigung der Bredows und Quitzows wach.

Noch ist das Städtchen südlich des Friesacker Rhins nicht vollends wachgeküsst. Einige gepflegte *Fachwerkhäuser* lassen aber erahnen, was hinter so mancher verputzten Fassade schlummert. Mittelpunkt und kleinstädtisches Idyll ist der lang gestreckte *Marktplatz* im Norden, die Marktstraße. An ihrem südöstlichen

Fremdenverkehrsverband
Havelländisches Luch
Dorfstraße 13
14641 Brädikow
Fon u. Fax (03 32 37) 893 50

Amt Friesack/Kulturamt
Marktstraße 22
14662 Friesack
Fon (03 32 35) 42 42
Fax - 14 36
www.friesack.de

„Nahe am Wege, auf dem Windmühlenberge, stand die große Donnerbüchse, welcher ganz vorzugsweise der Fall Friesacks, wie auch der übrigen eroberten Burgen zu verdanken war; Elisabeth wandte sich, mit Thränen in dem verschleierten Auge, von der furchtbaren Kriegsmaschine ab."
Aus „Der beiden Quitzows letzte Fahrten" von Karl May

Heimathaus Friesack

Heimatmuseum
Marktstraße 19, 14662 Friesack
Fon (03 32 35) 15 37
Öffnungszeiten:
Di u. Do 10.00–12.00 u. 13.00–16.00 Uhr
Mi u. Fr 8.00–12.00 Uhr
und nach Vereinbarung
Fon (03 32 35) 224 39
Herr Günter Kirchert
Niederwallstraße 4

Einlass in die Kirche gewährt das evangelische Pfarramt
Burgstraße 1, 14662 Friesack
Fon (03 32 35) 218 00 oder der Kantor in der Burgstraße 3
Gottesdienst: So 10.30 Uhr

Schwedenturm Wagenitz

Ende finden wir das *Rathaus* – ein Bau des 19. Jh.s und heute Sitz des Amtes Friesack – sowie schräg gegenüber das *Heimathaus*. In dem zweigeschossigen Fachwerkgebäude aus dem 19. Jh. laden eine Bibliothek und das Heimatmuseum zum Eintritt. Das seit 1996 hier untergebrachte Museum stellt eine heimatgeschichtliche Sammlung zur Schau, die in die Ackerbürgerzeit früherer Jahrhunderte entführt. Darunter finden sich zahlreiche große und kleine Gerätschaften aus Haus und Hof, und anders als in anderen Museen darf man die Ausstellungsstücke sogar anfassen.

Das nordwestliche Ende des Platzes wird vom Turm der *Stadtkirche* geprägt. Das Gotteshaus ist ein Werk des 19. Jh.s. Nach einem großen Stadtbrand, dem das Vorgängergebäude zum Opfer gefallen war, baute man die Kirche 1844 neu auf. Leider brannte sie im Zweiten Weltkrieg durch Beschuss der Roten Armee aus. Die Schäden wurden bis 1955 in vereinfachter Form behoben. Sehenswert sind die drei farbigen Glasfenster in der Apsis, eine Arbeit des 1930 in der Altmark geborenen Rostocker Malers, Grafikers und Restaurators Lothar Mannewitz, der in etwa 200 vornehmlich nordostdeutschen Kirchen künstlerisch gewirkt hat.

Die Kirche verfügt dank der schlichten Innenausstattung und der auf Säulen ruhenden Holzdecke über eine exzellente Akustik, sodass die Klangfülle der Orgel der renommierten Potsdamer Firma Schuke bei gelegentlichen Aufführungen gut zur Geltung kommt.

Etwa acht Kilometer südöstlich von Friesack liegt **Wagenitz**. Das Dorf war Heimat eines der schönsten Herrenhäuser derer von Bredow, leider wurde das Haus 1945 ein Raub der Flammen. Übrig blieb der so genannte *Schwedenturm* aus dem 16. Jh., ein frei stehender Küchenbau mit hoch aufragendem Schornstein. Darin befand sich eine Zweifeuer-Schlotküche, darüber der zweigeteilte pyramidenförmige Abzugsschacht. Die Ruine des bis 1979 vollständig erhaltenen Schwedenturms, der seinen Namen im 30-jährigen Krieg erhielt, wurde vor einigen Jahren restauriert. Das große Nest oben auf der Schornsteinspitze wird alljährlich von Störchen besiedelt, die hier ihren Nachwuchs großziehen. Im Innern des eigenwilligen Bauwerks ist heute ein kleines *Heimatmuseum* untergebracht.

Auf keinen Fall versäumen darf man den *ehemaligen Gutspark* des Bredow-Schlosses. Die Wagenitzer haben sich entschieden, das grüne Areal nicht wieder nach historischem Vorbild neu anzulegen. Nur ein paar Wege erleichtern dem neugierigen Besucher das Durchkommen. Die Natur hat sich in den letzten Jahrzehnten auf eindrucksvolle Weise ihr Terrain zurückerobert. Man fühlt sich in einen Urwald versetzt – mitten im Havelland. Der alte Baumbestand hat jungen und wuchernden Beistand bekommen, der Bodenbewuchs prahlt im Frühjahr mit ungeahntem Grün, aus den künstlich geschaffenen Wasserflächen sind insekten- und amphibienfreundliche Biotope geworden ... und über allem schwingt sich die Vogelwelt zu einem ungeahnten Pfeifkonzert empor. Der Wagenitzer Park zählt ohne wenn und aber zu den faszinierenden Erlebnissen im Ländchen Friesack.

Heimatmuseum im Schwedenturm
Öffnung nach Absprache
Frau Bölck
Dorfstraße 81
14641 Wagenitz
Fon (03 32 37) 893 50

Wie Friesack zu seinem Namen kam

Ein Adelsgeschlecht, das fast überall im Ländchen Friesack das Sagen hatte, war die Familie von Bredow. Mit der deutschen Ostkolonisation unter Albrecht dem Bären waren die Bredows im 12. Jh. ins Havelland gekommen, wo sie mit etlichen Ländereien belehnt wurden. So entstanden auch die meisten Herrenhäuser im Ländchen unter bredowscher Herrschaft, einige davon haben die Wirren der Zeitgeschichte überdauert. Der Sage nach sollen die Bredows aber unter ganz anderen Umständen nach Friesack gekommen sein. Es hat sich nämlich zugetragen, so heißt es, dass der Teufel mit einem großen Sack voller Adliger im Sauseschritt durch die Lüfte in Richtung Hölle unterwegs war. Als nun Gottes Widersacher über Friesack angekommen war, streifte der prall gefüllte Sack die Turmspitze der Stadtkirche und bekam einen Riss. Froh, endlich Hölle und dunkler Enge entkommen zu können, nahmen nun die Bredows all ihren Mut zusammen und sprangen einer nach dem andern aus ihrem teuflischen Gefängnis heraus. Dort, wo heute das Städtchen Friesack liegt, landete auch ein bredowscher Edelmann, der ob der erlangten Freiheit lauthals rief: Frie ut'n Sack!

Havelländischer Großer Hauptkanal bei Paulinenaue

Radtour Ländchen Friesack: ca. 40 km (Karte S. 124)

Ausgangspunkt unserer Tagesfahrt durch das Ländchen Friesack ist Paulinenaue östlich davon. Das Dorf hat einen Bahnhof, der stündlich von Berlin angefahren wird (Fahrzeit knapp 40 Minuten). Vom Bahnhof geht es zunächst durch den Ort in nordwestliche Richtung. Nach einigen Minuten queren wir den Havelländischen Großen Hauptkanal, der für die Entwässerung des Havellandes von unschätzbarem Wert ist, weil er verhindert, dass weite Teile der Region versumpfen.

Dorfmitte in Vietznitz

In Brädikow biegen wir rechts ab. Nächster Ort ist **Warsow**. Hier, wie im nördlich gelegenen **Vietznitz**, das wir wenig später erreichen, steht ein bescheidenes *Gutshaus*. Vietznitz besitzt eine malerische Dorfmitte mit einem hübschen Fachwerk-Backstein-Kirchlein. Nach weiteren drei Kilometern sind wir in **Friesack**. Das Städtchen begrüßt uns zunächst mit seinem Scheunenviertel. Eine kleine Rast am restaurierten *Markt*, vielleicht ein Besuch der *Stadtkirche* (↗ Friesack) und weiter geht es in Richtung Rhinow. Wir überqueren die Bundesstraße 5. Kurz bevor wir nach etwa anderthalb Kilometern nach links der Beschilderung nach Görne folgen, noch eine Pause an der *Siebenbrüdereiche* rechts der Straße. Aus einem gemeinsamen Stamm entwachsen hier sieben Bäume. Gleich dahinter finden wir einen kleinen jüdischen Friedhof.

Jetzt wartet **Görne** auf uns, das farbenfrohe Dorf am Naturschutzgebiet Görner See, doch bis wir dort sind, durchstreifen wir auf einer schmalen gut ausgebauten Straße die sanfte Wald- und Hügellandschaft des Ländchen Friesack. Das *Gutshaus* derer von Bredow in Görne (erbaut 1786, Ende des 19. Jh.s erneuert) wurde vor kurzem saniert und ist mit seinem neuen Anstrich das Schmuckstück im Dorf.

Das nahe *Naturschutzgebiet Görner See* zählt zu den wenigen noch existierenden Lebensräumen der vom Aussterben bedrohten Sumpfschildkröte. Vor der Görner Kirche biegen wir links ab. Beiderseits von Wald begleitet, führt uns der enge Asphaltweg zur Bundesstraße 188, in die wir rechts einfahren. Im Bogen führt diese wichtige Verbindung zwischen West- und Osthavelland um den bewaldeten 75 Meter hohen Rütscheberg herum. Kurz darauf folgen wir der Wegweisung links nach Landin.

In **Kriele** endet zunächst die befestigte Wegstrecke und es geht nach **Senzke** recht holprig weiter. Die Landschaft ist hier offen, die Blicke können weit schweifen. In Senzke stoßen wir auf das vierte *Herrenhaus* an unserer Route. Das hiesige, früher ebenfalls im Besitz derer von Bredow, stammt aus den Siebzigerjahren des 19. Jh.s. Unser Weg führt uns nicht direkt nach Wagenitz auf die östliche Seite der Bundesstraße 5, sondern über Haage. Wagenitz verführt uns zu einem etwas längeren Aufenthalt, wegen seines Schwedenturms und des mystisch-urwüchsigen ehemaligen Gutsparks (↗ Wagenitz). Über Brädikow geht es zurück an den Ausgangspunkt unserer Tour Paulinenaue. Alternativer Beginn dieser Radwanderung ist der Friesacker Bahnhof. Natürlich kann man die Tour auch in zwei Abschnitte zerlegen und in Friesack oder einem der Dörfer übernachten.

Gutshaus in Senzke

Blick nach Wagenitz

Damm
Zootzen
Rhin
Friesacker Zootzen
Klessener Zootzen
Michaelisbruch
Am Rhinkanal
Rhinkanal
Am Schafstall
Am Bahnhof
NSG
Briesener Zootzen
Fliederhorst
Friesacker Rhin
FRIESACK
Karolinenhof
Kleiner Haupt- und Grenzkanal
Vietznitz
5
Ländchen
Warsow
Görne
Paulinenaue
78
Buchenberge
Briesen
68
Fichtenberg
Görner See
188
Friesack
Luchsiedlung
Lange Schonung
Brädikow
75
Rütscheberg
Haage
Wagenitz
Schwedenturm
Landiner See
Landin
Senzke
Großer Hauptkanal
Kriele
Havelländischer
Pessin
5
Retzow
Tourist-Information
Kirche
Museum
Herrenhaus
Radroute S. 122/123
0
3 km
N

Tourist-Informationen, Naturpark:

Tourist-Information Brandenburg a. d. Havel
Hauptstraße 51, 14776 Brandenburg
Fon (033 81) 194 33, Fax -22 37 43
E-Mail: touristinformation@
stadt-brb.brandenburg.de

FVV Brandenburg/Havel e.V.
Tourist-Information am Nicolaiplatz
Nicolaiplatz 22, 14770 Brandenburg/H.
Fon (033 81) 22 22 98
E-Mail: touristinfo-brb.@t-online.de

Informations- und Tourismusbüro/
Museumsscheune
Scheunenweg 49, 16766 Kremmen
Fon (03 30 55) 715 00
Fax -715 01
E-Mail:
Museumsscheune@Amt-Kremmen.de

Amt Fehrbellin
Johann-Sebastian-Bach-Str. 6
16833 Fehrbellin
Fon (03 39 32) 5950
Fax -703 14

NABU-Zentrum „Storchenschmiede Linum"
Nauener Straße 54, 16833 Linum
Fon (03 39 22) 505 00
E-Mail :
nabu-storchenschmiede.linum@gmx.de

Tourismusverband Havelland
Waldemardamm 3, 14641 Nauen
Fon (033 21) 403 51 19
Fax -403 51 23
E-Mail:tourismusverband@freenet.de

Amt Nennhausen
Fouqué-Platz 3, 14715 Nennhausen
Fon (03 38 78) 64 90
Fax -649 28
E-Mail: amt-nennhausen@t-online.de

Amt Ketzin
Am Mühlenweg 2, 14669 Ketzin
Fon (03 32 33) 720 12
Fax -720 99

Gemeinde Kloster Lehnin
Friedensstraße 3, 14797 Lehnin
Fon (033 82) 730 70
Fax -73 07 62
E-Mail:amt-lehnin@t-online.de

Staatliche Vogelschutzwarte
Brandenburg
Rietzer See, 14778 Schenkenberg
Fon (03 32 07) 512 71

Tourismusverein
Nördlicher Beetzsee
Brandenburger Straße 6, 14778 Päwesin
Fon (03 38 38)402 12

Haus der Kultur und Begegnung mit
Internetcafé und Tourist-Information
Havelstraße 6, 14798 Pritzerbe
Fon (03 38 34) 502 83
Fax -409 09
E-Mail: icpritzerbe@web.de

Fremdenverkehrsverband
Westhavelland e. V.
Kirchplatz 5, 14712 Rathenow
Fon (033 85) 51 49 91
Fax -51 49 96
E-Mail: fvv_westhavelland@rathenow.de

Amt Milow
Friedensstraße 86, 14715 Milow
Fon (033 86)2709-0
Fax -2709 30
E-Mail: amt-milow@t-online.de

Naturparkverwaltung
Westhavelland
Dorfstraße 5, 14715 Parey
Fon (03 38 72) 74 30
Fax -74 312

Amt Rhinow
Lilienthalstraße 3, 14728 Rhinow
Fon (03 38 75) 366-0
Fax -366 66

Fremdenverkehrsverband
Havelländisches Luch
Dorfstraße 13
14641 Brädikow
Fon u. Fax (03 32 37) 893 50

Museen (Auswahl):

Dommuseum und Dom
Burghof 1, 14776 Brandenburg/Havel
Fon (033 81) 20 03 25

Museum im Frey-Haus
Ritterstraße 96
14770 Brandenburg/Havel
Fon (033 81) 52 20 48

Museum im Steintorturm
Steinstraße
14776 Brandenburg/Havel
Fon (033 81) 20 02 65

Industriemuseum Brandenburg
August-Sonntag-Straße 5
14770 Brandenburg/Havel
Fon (033 81) 30 46 46
Fax -30 46 48

Kreismuseum Rathenow
Rhinower Straße 19 d, 14712 Rathenow
Fon (033 85) 51 26 81

Heimatmuseum Ketzin
Rathausstraße 30
14669 Ketzin
Fon Amt Ketzin -720 12

Heimatmuseum Tremmen
Fon (03 32 33) 822 81 oder 822 67

Jagdmuseum Buschow
Waldkolonie 15, 14715 Buschow
Fon (03 38 76) 402 33

Bienenmuseum
14715 Möthlow
Fon (03 38 76) 405 64

Schlossmuseum Reckahn
Dorfstr. 37, 14778 Reckahn
Fon (03 38 35) 606 72, 606 73
Fax -606 65
E-Mail: schloss.reckahn@t-online.de

Schulmuseum Reckahn
Dorfstraße 33
Fon u. Fax (03 38 35) 400 02

Backofenmuseum im alten „Konsum",
Emstal, Fon (033 82) 504

Schloss Paretz
Stiftung Preußische Schlösser und Gärten
Berlin-Brandenburg
Servicetelefon: (0331) 969 42 02
www.spsg.de

IL-62 „Lady Agnes"
14728 Stölln, Fon (03 38 75) 320 20

Heimat-Haus Großderschau
Kleinderschauer Straße 1
16845 Großderschau
Fon (03 38 75) 908 10

IMPRESSUM

Herzlichen Dank sagt der Herausgeber für die Bereitstellung von Materialien und die inhaltliche Zuarbeit den Mitarbeiterinnen und Mitarbeitern der Tourismusvereine, Stadtverwaltungen, Museen sowie all jenen, die durch ihre fachliche Beratung bei der Entstehung des Reiseführers Brandenburg Der Westen, Band 2 „Das Havelland" mitgewirkt haben. Im Besonderen: E. Wilke, Naturpark Westhavelland

PRO LINE CONCEPT-Verlag
Groß Väter 18
17268 Groß Dölln
Fon (030) 2 82 51 72
Fax (030) 28 04 64 58

Der Band wurde mit Unterstützung des ADAC Berlin-Brandenburg e. V. realisiert.

Fotos und Abbildungen: R. Fischer S. 51; Hübner S. 13 m., 59 u., 60, 101 u., 106 u., 107, 114 u.; Museumsscheune Kremmen S. 9 u.; F. Pauli S. 100 o.; Industriemuseum Brandenburg S. 79 u.; Jugendherberge Milow S. 100 u.; W. Klaeber S. 4, 5, 32 o., Kreismuseum Rathenow S. 93 o., 97 o.; Marienbad Brandenburg S. 75 u.; Naturpark Westhavelland S. 49, 106 o.; Schlossmuseum Reckahn S. 84 u.; Stadt Brandenburg S. 75 o.; Take Off Fallschirmsport GmbH S. 21; alle weiteren Fotos travel.TEXT.berlin

Redaktion und Layout: PRO LINE CONCEPT, Beate Schubert
Text: travel.TEXT.berlin, Berlin
Grafiken: Bernd Streiter, Mödlich; www.streiter-art.de
Karten: Maren Rudloff, Berlin
Lithografie und Druck: Königsdruck, Berlin

ISBN 3-931021-44-0

Brandenburg und Berlin

Regionalverkehr Liniennetz – Ausschnitt West

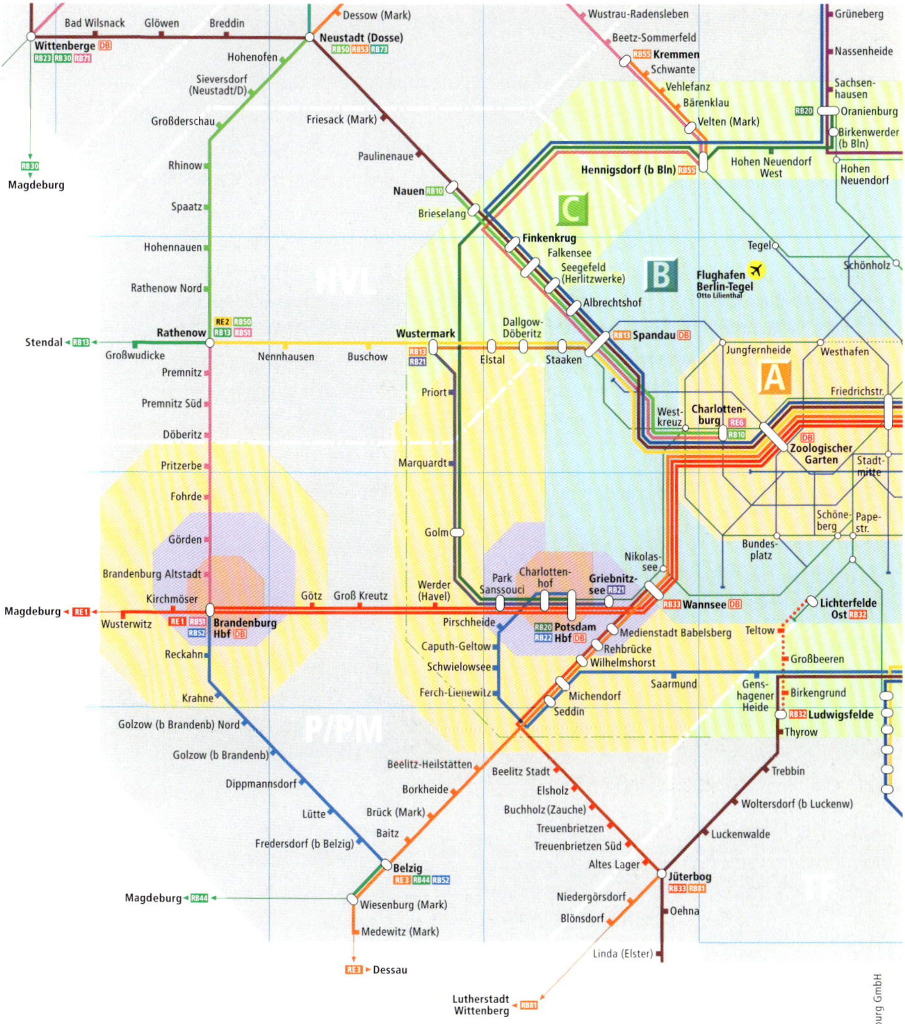

Legende

- Linie des Regionalverkehrs mit Umsteigemöglichkeit
- Schienenersatzverkehr
- S-Bahn-Linie
- U-Bahn-Linie
- Strecke in Bau
- Züge der Linie RB 24 halten nur in Richtung Wünsdorf-Waldstadt
- DB Fernbahnhof

Tarifgebiet VBB

- Tarifbereich Berlin
- Tarifgrenze Teilbereich Berlin C
- Tarifbereich Kreisfreie Städte

Bezeichnung der Bahnhöfe unter Fortlassung der Tarifbezeichnung Berlin bzw. Potsdam
Im Berliner C-Bereich gibt es speziell Angebote, die Sie bei Ihrem Verkehrsunternehmen erfragen können.
Hinweis: Berlin-Schönefeld gehört sowohl zum Teilbereich B des Tarifbereiches Berlin als auch zum Landkreis Dahme-Spreewald.

Information

VBB **Verkehrsverbund Berlin-Brandenburg GmbH**
Hardenbergplatz 2, 10623 Berlin
(030) 25 41 41 41

Die Bahn DB **DB Regio**
Deutsche Bahn Gruppe
Regionalbereich Berlin/Brandenburg
Im neuen Hauptbahnhof Potsdam
Babelsberger Str. 18, 14473 Potsdam
(01805) 99 66 33

PEG **Prignitzer Eisenbahn GmbH**
Bahnhof, 16949 Putlitz
(03 39 81) 80 506

Stand: 16. Juni 2002
Herausgeber: Verkehrsverbund Berlin-Brandenburg GmbH

ADAC Berlin-Brandenburg

Auto und ADAC – Betreuung rund um die Mobilität

Wenn es um garantierte Mobilität rund um das Automobil geht, vertrauen in Berlin und Brandenburg bereits weit über eine Million Mitglieder dem in fast einhundertjähriger Tradition gewachsenen konkurrenzlosen Service des ADAC. Ob Pannenhilfe der „Gelben Engel" oder TourSets, technische Betreuung, juristische Beratung und Unfallservice – der Club ist rund um die Uhr über die Telefonservice-Zentrale sowie Internet und E-mail erreichbar. Für den persönlichen Kontakt servicebereit: sechs Geschäftsstellen und zwei ADAC-Reisebüros.

Geschäftsstellen des ADAC Berlin-Brandenburg e. V. in Berlin:

ADAC Hauptgeschäftsstelle im ADAC-Haus
Bundesallee 29/30, 10717 Berlin
Telefon. (030) 86 86-0 und 0180 5 10 11 12*
Fax. (030) 86 86-811 oder 0180 5 30 29 28*

Geschäftsstelle am Gendarmenmarkt:
Taubenstr. 20–22
10117 Berlin
Telefon: (030) 86 86-0 und 0180 5 10 11 12*
Fax: (030) 86 86-811 oder 0180 5 30 29 28*

Geschäftsstellen im Land Brandenburg:

Telefon: 0180 5 10 11 12*
Fax: 0180 5 30 29 28*

Geschäftsstelle Potsdam:
Jägerallee 16
14469 Potsdam

Geschäftsstelle Senftenberg:
Am Neumarkt 6
01968 Senftenberg

Geschäftsstelle Brandenburg/Havel:
Ritterstraße 102
14770 Brandenburg

Geschäftsstelle Frankfurt (Oder):
An der Autobahn 3
15236 Frankfurt (Oder)

Öffnungszeiten aller Geschäftsstellen:

Montag bis Freitag 9.00–18.00 Uhr

ADAC Reisebüros der Sport und Dienstleistungsgesellschaft mbH:

Bilderbogenpassage
16816 Neuruppin
Telefon: (03391) 65 56 51
Fax: (03391) 65 56 52

Schloßkirchstraße 1
03046 Cottbus
Telefon: (0355) 3 83 06 04
Fax: (0355) 3 83 06 05
jeweils Montag bis Freitag 9.00–18.00 Uhr

Mobile Geschäftsstellen im Land Brandenburg:

Wittstock
ARAL-Tankstelle
Pritzwalker Straße

Prenzlau
Uni-Center
Georg-Dreke-Ring

Wittenberge
ARAL-Tankstelle
Lenzener Straße 38–40

ADAC-Pannenhilfezentrale
Telefon: 0180 2 22 22 22**

ADAC-Telefonservice-Zentrale
Telefon: (030) 86 86-0 und 0180 5 10 11 12*
An allen Tagen des Jahres rund um die Uhr.
* DM 0,24/Minute ** DM 0,12/Anruf

E-mail: adac-service@bbr.adac.de
Internet: www.adac.de